后浪 电影学院 087

LONTANO DAI SOGNI
Conversazioni con Antonio Monda

Antonio Monda

莫里康内
50年一瞬的魔幻时刻

［意］埃尼奥·莫里康内 口述
安东尼奥·蒙达 著
倪安宇 译

北京联合出版公司
Beijing United Publishing Co., Ltd.

目 录
Contents

开始与莫里康内对话　5
致　谢　11

01　玛丽亚，第一位听众　1

02　在学校跟莱昂内比邻而坐　7
　　童年记忆　10
　　妻　儿　14
　　遗　憾　16

03　巴赫的秘密　21
　　踏入电影配乐界　24
　　与萨尔切共事　27
　　早期合作的导演　31
　　对其他音乐家的看法　33
　　续谈早期合作的导演　35

04　《美国往事》和《阿尔及尔之战》　41
　　谈莱昂内　45
　　《黄昏双镖客》的配乐　47
　　与莱昂内的友谊　50

创作瓶颈　53
　　　《革命往事》与《美国往事》　56
　　　莱昂内之死　59

05　《阿隆桑芳》：从塔维亚尼兄弟到昆汀·塔伦蒂诺　63
　　　足球与国际象棋　66
　　　政治理念　68
　　　为悬疑电影配乐　71
　　　与贝多利的合作　73
　　　音乐实验　76
　　　与外国导演合作　79
　　　流行歌曲　81

06　《教会》："我只会毁了它"　85
　　　当兵岁月　88
　　　为《教会》配乐　91

07　挚友托纳托雷　97
　　　与托纳托雷的情谊　99
　　　有关托纳托雷的电影作品　102

08　奥斯卡终身成就奖和克林特·伊斯特伍德的热情　109
　　　与帕索里尼、贝托鲁奇合作　111
　　　奥斯卡奖　116

09　音的民主机制　121
　　　纯音乐家　124
　　　新和音即兴乐团　128

10　三个特别的演奏者：金属乐队、斯普林斯汀、恐怖海峡　133
　　流行乐手的演奏　135
　　曾合作的导演们　137
　　担任电影节评审　142

11　没有灵感这回事　147
　　灵　感　150
　　遗　憾　152
　　快乐时光　156

12　笔名：达恩·萨维奥和莱昂·尼科尔斯　161
　　前往好莱坞　164
　　自认糟糕的作品　167

13　俄罗斯棋王史巴斯基的开局让棋　173
　　剽窃事件　176
　　爱上国际象棋　179

14　电影音乐要简单明了　185
　　那不勒斯电影节　187
　　满意与丢脸的作品　190

15　音乐是社会的一面镜子　197
　　再谈纯音乐　200
　　另一个世界　202

附录

马克·戴维·卡尔韦对莫里康内的访谈　209
　　《教会》和托纳托雷的电影　209

音乐在电影里的角色以及《西部往事》　212
　　塞尔吉奥·莱昂内的电影　215

莫里康内1955—2015电影作品年表　220

译后记　一次美好的旅程　239
出版后记　242

开始与莫里康内对话

我第一次跟莫里康内见面,是为了采访电影《阿尔吉尔之战》[1](*The Battle of Algiers*,1966)。我们来到他距离威尼斯广场不远的家中,他花了很多时间聊那部电影和他的朋友吉洛·彭特克沃[2](Gillo Pontecorvo),他还是吉洛·彭特克沃婚礼的小号手呢。从专业角度来说,那次访问很成功,但他完全没有谈及个人私事。录像一结束,他就很客气地向大家告辞,然后消失在书房里,证实了莫里康内害羞、寡言的传闻。对我来说,有一个神秘的光晕笼罩着埃尼奥·莫里康内这号人物,我因为他的态度而却步,什么都没跟他说。

几年之后,我们才在纽约第一次真正会面,他当时在无线电城音乐厅有场盛大的音乐会。我急着想要与他建立关系,让他知道我对他的动人音乐有多么倾心,他的电影配乐如何为那些电影画龙点睛。他的名字让我回想起我当初是怎么发现电影的,还有电影在我童年时期所扮演的角色:我一个人看电影的那段时光,电影跟梦想往往合二为一,有时候电影甚至取代了我的梦想。

当年我一天至少看一部电影,电影是妙不可言且不可或缺的一种幻影。我看过的很多电影都忘了,但是塞尔吉奥·莱昂内(Sergio Leone)的电影我全都牢记在心。莱昂内的电影里有某个东西让它显得格外与众不同,不只是因为其戏剧性或夸大逗趣,而是让我觉得那些电影直接对我说话;而且叫我佩服得五体投地的是,莱昂内居然选择了看似稀松平常的场景就塑造出美国西部般的史诗气魄:意大利罗马近郊的芒兹亚那森林、与新墨西哥州截然不同的艳阳高照的西班牙。

他还不可思议地用吉昂·马利亚·沃隆特[3]、保罗·斯陶帕[4]、布雷加[5]和久弗瑞[6]（这名单还可以再长）饰演北美人的角色。莱昂内有一种幻灭的幽默感，是那种看尽人生百态的人所独有的，所以他的西部片才跟美国西部片大不相同。但那并不是缺点，而且正好相反，多亏了莱昂内的才华和总是带有嘲讽意味的庄严慎重，创造了一个新世界，处处可见形而上的手势、人物和场景。

那种略带迷蒙的感觉很棒，一段民族史诗就这么跟我们的美食香气、表达方式和欲望融为一体。那些让人目瞪口呆的画面，细节比远景更硕大、更教人肃然起敬，或许是为了提醒大家，所谓的"观点"其实是由我们自己建构的，说穿了，一切都同样重要，一切都是骗人的。

这种让人回味无穷的感觉，在后来看电影的时候很少会出现。但即使当时年纪小，我已经知道那份悸动不能完全归功于伟大的莱昂内，那些故意不细腻的空间、人物刻画和摄影的运用，如果没有莫里康内的音乐衬托，恐怕毫无魅力可言。那牵动人心的旋律，就在你期待的时刻展现出音符的爆发力。可能你永远也谱不出那样的曲子，而莫里康内不但心领神会，而且还付诸实施，仿佛他不仅了解每个画面和导演的需求，也深知你我和每一个观众的需求。

在大银幕上，莫里康内的音乐总是深深掳获人心，每次我回到家都会哼唱刚才听到的电影配乐。我最喜欢的是《革命往事》[7]（*Once Upon a Time in the Revolution*，1971），它让我立刻变身为不仁不义的西部世界里的一匹孤狼，准备去拯救大家。

后来我深深爱上了《美国往事》（*Once Upon a Time in America*，1984）里的《黛博拉之歌》（*Tema di Deborah*，这时我又变成了被朋友背叛的犹太黑帮）。长大后，我开始注意这位天才音乐家跟其他导演合作，其中有我很仰慕的导演泰伦斯·马力克（Terrence Malick）、罗曼·波兰斯基（Roman Polanski）和布莱恩·德·帕尔玛（Brian De Palma），有的电影虽然由莫里康内谱出了动人配乐，但留下来的只有音乐，电影却渐渐被遗忘。例如罗兰·约菲（Roland Joffe）的《教会》（*The Mission*，1986），我认为这部电影的《加布里埃尔的双簧管》（*Gabriel's Oboe*）是莫里康内的代表作。当然不能忽略的还有他跟意大利导演合作的电影，包括贝纳尔多·贝托鲁奇（Bernardo Bertolucci）、弗朗西斯科·罗西（Francesco Rosi）、皮埃尔·保罗·帕索里尼（Pier Paolo Pasolini）、埃里奥·贝多利（Elio Petri）、达里奥·阿基多（Dario Argento）、莫洛·鲍罗尼尼（Mauro Bolognini）、吉奥里亚诺·蒙塔尔多（Giuliano Montaldo）、马可·贝罗奇奥（Marco Bellocchio）、吉洛·彭特克沃、塔维亚尼（Taviani）兄弟和女导演里娜·韦特缪勒（Lina Wertmüller）。不过，其中最重要的大概是托纳托雷吧，莫里康内近年来跟托纳托雷形成最佳拍档，很像之前他和莱昂内的关系。

总而言之，在纽约音乐会那天，我像小孩一样雀跃不已。我心想，我终于可以跟莫里康内讲话，让他知道他不仅是我的偶像，也在我的成长过程中、我的生命中扮演极为重要的角色。

卡洛塔是无线电城那场音乐会的主办人，他要我试试看有没有可能在那几天安排一个跟莫里康内的音乐相关的文化活动。这个提案并不难：说出大师的名字，MoMA立刻答应办一个他配乐电影的作品回顾展。活动非常成功，莫里康内自然功不可没，而这个小插曲让我们在后来建立起密不可分的关系。回顾展的开幕典礼安排在音乐会前一晚，MoMA座无虚席。典礼结束后，我在家里办了一个派对，和太太杰奎琳邀请了许多纽约艺术家和作家前来，当然还有电影、剧场界人士。大家都很期待能认识大师本人，我们也很开心能为他庆祝。

但不知道发生了什么事，似乎是合唱团没能通过验收，导致他那天晚上留到很晚，试了又试，所以没来MoMA，也没来派对。我强作镇定对所有宾客扮笑脸，派对上还是笑声盈盈，不过老实讲我心里很难过。第二天早上我还在自我安慰说跟偶像打交道就是这么一回事的时候，电话响了，我听到一个对昨天晚上缺席感到自责又尴尬的男人的声音。

莫里康内跟我讲了半个小时的电话，解释说发生了一些问题，非当场解决不可，他一直待到深夜才离开。为了尊重美国的时间观，他觉得不便太晚出席派对，所以没有来。我觉得他很诚恳，便告诉他我能理解，并祝他音乐会一切顺利，但我还是决定不去了。他很坚持，还留了第一排的票给我。于是我战胜了自尊心，跟杰奎琳一起前往。

坐在我们旁边的有导演科恩（Coen）兄弟、莱昂纳多·迪卡普里奥（Leonardo DiCaprio）、连姆·尼森（Liam Neeson），我们后座同样星光熠熠，还有六千两百名听众全都为这场永难忘怀的音乐会陶醉不已。揭开序幕的是《铁面无私》（*The Untouchables*，1987），之后则是《教会》、《天堂电影院》（*Nuovo Cinema Paradiso*，1988）、《对一个不容怀疑的公民的调查》（*Investigation of a Citizen Above Suspicion*，1970）和莱昂内的电影配乐，整个音乐厅几乎沸腾。

我一边回想当年一个人看电影的往事，一边努力克制自己的情绪。我在音乐会结束后向他道谢，跟他说我想邀请他参加数月后我在罗马的新书发表会，书名是《美妙幻影》（*The Magnificent Illusion*），谈美国电影。

虽然那通电话和音乐会抚平了前一天晚上的伤口，但我后来还是决定不送出邀请，以免自己再度失望。

四个月过去了，我忘了我们在音乐厅的闲聊，也忘了取消邀请的决定。我要去新书发表会的时候，忧心那几天罗马受到热浪侵袭，来的人恐怕会很少。在那炎热的六月午后，我看到莫里康内坐在罗马市政厅展演大厅第一排。他自己打听到新书发表会的事，带着年轻人的兴致、好奇与热情前来聆听。

我大为感动，超乎寻常地亲昵拥抱他。那时候我称他为大师，他很拘谨且出人意表地害羞，对我言必称教授。几个月过去了，我出版小说《赦罪》（*Assoluzione*）的时候，请出版社蒙达多利（Mondadori）寄了一本送他。其实我们之间并没有真正坐下来聊过，对我而言，他依旧是个陌生人。我送书给他当然多少有些虚荣心作祟，但我相信那也算是个让他认识我的方法。

此后好多个月音信全无。就在我认定他并不喜欢我的时候，电话又来了。"教授，我是埃尼奥·莫里康内。"

"大师，您好……"

他没多说什么，但是对那本书提出了书评没写到的意见，他以伟大艺术家的敏锐看得更深刻。然后他又消失了。直到去年暑假，蒙达多利出版社打电话来，说莫里康内指定我负责为你们现在看到的这本对谈录执笔。我很意外，非常开心，同时有点吓到：我并不是音乐人，从来没写过音乐方面的书。而且我那时候正准备动笔写我的下一本小说，这个提案让我措手不及。

不过跟大师通过电话后，我就明白只有疯子才会拒绝，我只跟他说我会以时间为主轴来写这本书。他说他相信我，跟我约了第一次碰面的时间。

接下来就是我们谈话的记录。对话终于展开，友谊亦然。

注 释

1 《阿尔吉尔之战》，以 1954 年至 1962 年间阿尔吉尔独立战争为背景的纪实电影。赢得第 31 届威尼斯电影节金狮奖。（若无特别说明，全书注释皆为译注。）

2 吉洛·彭特克沃（1919—2006），意大利导演、编剧、作曲家，《阿尔吉尔之战》的导演。以拍摄纪录片起家。

3 吉昂·马利亚·沃隆特（Gian Maria Volonté，1933—1994），意大利知名电影、舞台剧演员，在《荒野大镖客》和《黄昏双镖客》系列电影中扮演反派。

4 保罗·斯陶帕（Paolo Stoppa，1906—1988），意大利电影、舞台剧演员，曾参与《荒野大镖客》《洛可兄弟》（Rocco and His Brothers，1960）、《豹》演出。

5 马里奥·布雷加（Mario Brega，1923—1994），意大利电影演员，曾参与《镖客系列》电影演出，以丑角为主。

6 阿尔多·久弗瑞（Aldo Giuffrè，1924—2010），意大利电影演员，曾参与演出电影《黄金三镖客》。

7 以 1916 年的墨西哥革命为背景。与《西部往事》《美国往事》合称为"美国三部曲"。

致　谢

　　首先我要感谢萨拉·查尔方特（Sarah Chalfant）总能用关怀和智慧及时解决我的需求和要求。衷心感谢蒙达多利出版社的所有朋友，他们提出了这本书的构想，并全心投入这本书的执行工作。我要给玛丽娜·萨格纳（Marina Sagona）和蒂塔（Tita）一个热情拥抱，她们陪我去大师家，她们的陪伴和聪颖给了我莫大帮助。我要对莫里康内夫人玛丽亚（Maria）表达我的钦佩之意，谢谢她的幽默和周到。

　　我要跟雅基（Jacquie）说，跟卡泰丽娜（Caterina）、玛丽卢（Marilu）和伊尼亚齐奥（Ignazio）说，你们是我的骄傲。

　　不变的感谢献给我哥哥安德烈亚，为了那些他跟我说过的和没说过的话。

01　玛丽亚，第一位听众

莫里康内问我想不想听听看，直到他坐在钢琴前面时，我才意识到我居然比韦恩斯坦更早听到大师的作品。让我更感动的是，坐在家中客厅的他，正在为我一个人演奏。

2009 年 9 月 14 日，星期一

连续下了两天的雨之后，这个罗马九月的早晨好美。空气清新，市中心似乎比平日少了一些混乱失序。大师跟我约在他家见面，我抵达之后在客厅等待。

窗外美景让人屏息，但室内对我的吸引力更大。大师的家很美、很华丽，也很安静。主要色调是天蓝色，我霎时开始胡思乱想，这颜色跟他的音乐会不会有呼应关系，还是这个精心布置并没有特别含义。我看到两幅雷纳托·古图索[1]的大型油画，还有一幅马里奥·马法伊[2]的作品悬挂在钢琴上方，画中全是女子，散发出独特的生命力。

过了几分钟，莫里康内出现了，没有人通知他我来了，他对于让我等他有些不好意思，便向我道歉，问我要不要咖啡。

我早上已经喝了两杯，于是跟他解释说我有飞行时差的问题，还是顺其自然比较好。我再度说明我对这本书架构的一些想法，之后我们试着排定访问时间，这很不容易。他一整年行程满满，而我住在美国自然也对事情不太有帮助。

虽然立即开始采访的时机恐怕尚未成熟，但我觉得有必要先了解他的工作模式。

他说他都在一张小桌子上作曲，如果自认为结果还不错，就会坐到钢琴前面把这些最初的想法弹给太太听。为了把事情说清楚，他试着向我解释他帮电影《安妮日记》[3]配乐的乐理。我其实听得一知半解，但只能微笑着假装记笔记。我写下"小调"，心里却明白这对我帮助不大。

我问他有没有书是我可以参考的，他说有，塞尔吉奥·米切利[4]写了一本书可能对我有帮助，他早想到要找一本给我，问题是这本书已经绝版，而他自己的那本也找不到。这时候，莫里康内的太太玛丽亚现身，我在纽约的时候跟她照过面，她给我的印象是一位有主见但十分客气的女性。她解释说，前几天家里刚整理过，很多东西都找不到，又说我们要工作，最好不要打扰我们，之后便走向餐厅。我其实没有其他问题要问，但莫里康内跟我说有一位美国制片人刚找他为某部电影写一段爱情旋律。我知道他说的制片人是哈维·韦恩斯坦（Harvey Weinstein），电影是歌舞片《九》（*Nine*，2009），灵感源自意大利导演费里尼的电影《八部半》（*8 1/2*，1963）。

制片只要他写一段，而他准备了三个版本。莫里康内问我想不想听听看，直到他坐在钢琴前面时，我才意识到我居然比韦恩斯坦更早听到大师的作品。让我更感动的是，坐在家中客厅的他，正在为我一个人演奏。

我觉得三个版本都很美，便放胆说喜欢其中一个，他说他喜欢的是另一个。他大概察觉了我的悸动，没有站起身，继续弹奏另一首曲子，我立刻就听出来了，那是《黛博拉之歌》。莫里康内边弹边哼唱，我努力压抑自己，才没有用五音不全的声音加入哼唱。

我全身起鸡皮疙瘩。回想起第一次看《美国往事》，是在罗马的巴贝里尼戏院。还想起了当年喜欢的一个女孩，以及我对美国犹太文化发自内心的爱。那份爱主要源自那部电影，虽然电影描述的是黑帮老大被死党背叛的故事。琴声结束，我心想，在这样的时刻，所爱的人好像永远不在身边。人大概都得在孤独中生活，在孤独中做梦吧。

2009 年 9 月 15 日，星期二

我搭早班飞机准备回纽约，在罗马菲乌米奇诺机场，我坐在前往国际航线航厦的接驳车上，手机突然响了。

是莫里康内。他打电话给我是为了告诉我，我们今后应该免除"您"这个尊称。他还说书找到了："在我手边，下次我们碰面的时候给你。"我谢谢他，直呼他的名字"埃尼奥"，但还是忍不住用了"您"。

他看我前后矛盾，忍不住笑了："我们到底要不要改用'你'呢？"

在飞往纽约的飞机上，我终于睡着了。

注　释

1　雷纳托·古图索（Renato Guttuso，1911—1987），意大利知名画家。生于西西里岛上的巴勒莫，画作以浓厚的家乡色彩闻名。
2　马里奥·马法伊（Mario Mafai，1902—1965），意大利知名画家，是艺术团体罗马学派（scuola romana）的成员之一。
3　安妮·弗兰克（Anne Frank，1929—1945），德国犹太人，十五岁死于纳粹集中营。躲避纳粹追捕期间写下的日记后来被发现，于1947年以《安妮的日记》为名出版。
4　塞尔吉奥·米切利（Sergio Miceli），意大利乐评家。

02　在学校跟莱昂内比邻而坐

莫里康内：那张照片我已经不记得了，不过那是我跟莱昂内一起发现的。纯属巧合，是在车夫齐柯餐厅里找到的。拍照那时候，我们读的是慈幼会办的小学，三年级，学校在台伯河畔。

童年记忆/妻儿/遗憾

2009 年 9 月 28 日，星期一

今天天气也很好，比上次见面那天凉快些。我们约在下午见，我刚结束跟意大利埃尼（ENI）石油公司的会议，准备在 MoMA 办一个丹提·费瑞提[1]展。我请跟我共同策展的玛丽娜·萨戈纳陪我去莫里康内家。我负责记录对话，她记重点。我觉得多一个女性观点应该会有帮助，她说不定会注意到我没有发现的事情。

这一次莫里康内到电梯口来接我。他对玛丽娜很客气，立刻请她喝了一杯咖啡。咖啡很好喝，我看她笔记上是这么写的。

我们在客厅就座的时候莫里康内说了一件事，但是要求我们务必保密：他刚接到消息，获颁保拉音乐奖[2]，那形同音乐界的诺贝尔奖。他解释说并不是大家都知道这个奖，然后语气略带戏谑地说，这个主办单位跟奥斯卡一样，你得回复说明是否愿意接受奖项。前几年保拉音乐奖的得主有保罗·麦卡特尼（Paul McCartney）、史蒂维·旺德（Stevie Wonder）和卡尔海因茨·施托克豪森[3]，我不知道哪一个名字对莫里康内而言比较有分量。这次造访，我注意到一幅油画，是上次来没看到的：画家是乌戈·阿塔尔迪（Ugo Attardi），那幅画是红黑两个颜色，很有力量。我再度分心，想要在莫里康内喜欢的画作跟他的音乐之间寻找呼应关系。

我问他电影《巴阿里亚》[4]的事，因为托纳托雷这部电影的配乐也是他负责的。就意大利的拍片标准来说，这部电影耗费巨资，导演和梅杜莎制片公司都殷切期待观众的正面反应。上个周末全国上映，莫里康内很开心地告诉我，票房收入有两百一十万欧元。这个数字很惊人，也打破了托纳托雷作品的票房纪录。莫里康内很尊敬托纳托雷，看得出来他是真心喜欢这个导演。我提起他曾经在托纳托雷的电影《天伦之旅》[5]中客串演出乐团指挥，他报以温暖笑容，但什么都没说。他在等我问第一个问题。

童年记忆

○ 我们从头开始。你在哪里出生？

● 罗马。我出生于1928年11月10日，在台伯河畔，河畔圣方济各街。

○ 你人生的第一个记忆是什么？

● 我拉扯一个跟我们住在一起的小女孩的头发，那时我们家跟另外一个家庭住在同一间公寓里。

○ 你是独子吗？

● 不是。我有三个妹妹，阿德里安娜（Adriana）、玛丽亚（Maria）和弗兰卡（Franca），还有一个弟弟阿尔多（Aldo），遗憾的是他三岁就过世了。那是很大的伤痛，我到现在仍清楚记得。那时候我十岁，我记得父母抱着他痛哭。

○ 怎么发生的？

● 是急性小肠结肠炎，因为他吃了一颗掉在地上的樱桃。我父母习惯找的小儿科医师是隆奇，他是名医，墨索里尼也找他帮孩子看病；但那天他太忙了，就让助理先来，结果助理用错方法，让我弟弟喝了很多加糖的柳橙汁，病情因此急速恶化，等隆奇赶来已束手无策，一切都来不及了。

○ 这个打击对你的人生有留下什么印记吗？
● 我只能说，直到今天我依然十分想念弟弟，每天都想。

○ 可以谈谈你的父母吗？
● 我父亲叫马里奥（Mario），是非常杰出的爵士乐小号手，可以吹奏各种不同类型的音乐。母亲是家庭主妇，她来自信奉无政府主义的家庭，所以她名叫利贝拉（Libera），意思是自由，她有一个妹妹叫伊德亚（Idea），意思是理念。

○ 你对父亲记忆最深刻的是什么？
● 我记忆最深刻的是，他夏天会去度假胜地里乔内加入乐团演奏，也会到不同的夜总会表演。家里永远需要钱，他工作很忙碌，还曾经一天排三班去做电影配乐的演奏工作。正因为他努力工作，我们全家才能过上像样的生活。他很严厉，和母亲很不一样，我母亲很温柔，因为她，我才学会了人生不需要时时板着脸。后来连父亲都嫉妒母亲的那份温柔。我从父亲身上则学到了正直，还有对家庭的无怨付出。

○ 你父亲是音乐人，对你的一生和专业有什么影响？
● 有非常大的影响，无论是最初的启发或经验分享。六岁时，他就教我认小提琴的谱号，从那时候开始我试着谱了一些小曲，很难听，十岁的时候就全丢了。真正开始谱曲的时间比较晚，是我学完小号之后，十六岁的时候。我的第一份工作是在台伯河畔一个美军营区里的小乐团演奏，我叫那个乐团小瞎子乐团。因为那份工作，我开始赚钱，可是那个经验不怎么好。看到乐团同事用小盘子捡食物跟香烟，我觉得很丢脸。

○ 你有接受天主教教育[6]吗？
● 有，小时候我们全家都会上教堂，每天晚上都会读《玫瑰经》[7]。

○ 你信教吗？
● 信，虽然我有我的质疑。我曾经一度对教会很有意见。

○ 什么时候？
● 第二次梵蒂冈大公会议[8]的时候。

○ 你不认为那代表了时代的演进？
● 我的问题是从文化和音乐的角度来看的。我无法接受他们把格里高利圣歌（gregoriano）束之高阁，那是欧洲和世界文化无可取代的柱石，那是我作品的指导原则和根基。调式音乐[9]和格里高利圣歌是取之不竭的宝库。想要爬梳音乐的历史道路，必须从犹太音乐开始，才会有一趟完美的希腊和罗马音乐之旅。我们如果往北走，就会发现连吟游诗人的音乐也源自格里高利圣歌。如果继续往下走，来到凯尔特[10]音乐和美国音乐，会发现非洲音乐的传统和爵士乐的美妙探险。根就是根，我们不能自欺欺人。我的质疑是针对音乐和文化，与神学无关。而且我要多说一句，我对于不再用拉丁文做弥撒也很不以为然。今天常把圣乐旋律跟世俗甚至粗鄙的文字混在一起。告诉你一个小秘密,我没跟几个人说过:有一次弗兰恰蒙席[11]叫我去他的宅邸,请我作一首可以在教堂唱的歌,我很不屑地拒绝了。

○ 大家都很关注你童年的某段时期,你读小学的时候跟莱昂内合照过。

● 我已经不记得那张照片了,那是我跟莱昂内一起发现的。纯属巧合,是在车夫齐柯餐厅(Trattoria Checco il Carrettiere)里找到的。拍照那时候,我们读的是慈幼会办的小学,三年级,学校在台伯河畔。

○ 谈谈你学音乐的过程。

● 我十一岁进入音乐学院。我的小号老师是翁贝托·森普罗尼(Umberto Semproni),他教到一半就过世了,代替他的老师是雷吉纳尔多·卡法雷利(Reginaldo Caffarelli)。我跟罗伯托·卡贾诺(Roberto Caggiano)学初级和声,他看我进步神速十分高兴,让我主修进阶和声。那段时间,我有时候也会代替父亲在佛罗里达夜总会表演。1944年,我开始跟随卡洛·乔治·卡洛法洛(Carlo Giorgio Garofalo)和安东尼奥·费尔迪南迪(Antonio Ferdinandi)学作曲。七年级考试结束后,我开始跟彼得拉西[12]学习。我知道他的名气很大,也是伟大的音乐家,我对他写的乐谱很感兴趣,认真研读,对他的完美技巧十分佩服。我很喜欢他的秩序和精准,那让我觉得茅塞顿开。不过我最喜欢的是他对乐音的构思和建构的形式。

○ 你从彼得拉西身上学到了什么?

● 他主要教导我们要忠于自己,不要模仿他人。我从他那里学到了"正当性"这个词,要知道音乐也有"不正当"的问题。他很重视工作、刻苦和书写乐谱的清晰度。音乐学院最后那三年,我开始在意大利广播公司工作，负责帮非交响乐团的 B 组乐团做音乐改编。那个工作让我学会了实事求是，而且接触到各种歌曲，无论好坏。虽然那个经验并不"高级"，但非常实用：我努力提升自我，认真编曲，结果受到乐团指挥卡洛·萨维娜（Carlo Savina）的赏识。我那时候二十二岁，认识了卢恰诺·萨尔切[13]，他委托我为喜剧《蜂王浆》（*Pappa Reale*）写音乐，后来我们还合作了另一出戏《喜剧收场》（*Lieto Fine*）。那是我早期帮舞台剧配乐的作品，更早的时候，我在罗马的艾利塞欧剧场（Teatro Eliseo）帮伦佐·里奇（Renzo Ricci）和伊娃·马尼（Eva Magni）的剧团吹小号，他们演出的剧目包括《哈姆雷特》、《李尔王》等全套莎士比亚悲剧。

妻 儿

○ 你也是在那段时间认识了太太并跟她结婚的。

● 玛丽亚的老家在西西里，但是她三个月大的时候就全家搬来罗马了。她是我妹妹阿德里安娜的朋友，我二十二岁的时候认识她，我们并没有立刻坠入爱河，是后来才交往的。我们交往了五年才结婚，但她说六年，我认为是她记错了。我们是 1956 年 10 月 13 日结婚的，这点绝对不会错。

○ 你还记得婚礼吗？

● 婚礼是在圣科斯马和达米安教堂（Chiesa di San Cosma e Damiano）举行的。老实说，我记得的事情都有点怪。主婚的神父讲道讲了非常久，而且很像导游，大篇幅介绍教堂之美。他讲到"交换"戒指的时候还结巴，讲成了"交媾"，你可以想象亲友的反应，我为我的父母觉得难为情。

○ 你们有收到很多礼物吗？ [14]

● 那时候我有点自负，不肯收礼物。如果没记错的话，我们只收到我母亲的朋友送的一套六人份咖啡杯加汤匙组。

○ 你们生了四个小孩：马尔科（Marco）、亚历山德拉（Alessandra）、安德烈亚（Andrea）、乔瓦尼（Giovanni）。

● 亚历山德拉是医师。乔瓦尼当导演，住在纽约。安德烈亚也在音乐界。马尔科原本做汽车销售，但有过不愉快经历后就离开那行了。

○ 发生了什么事？

● 他开了一家店叫 Automark，经营得很好，后来有个混混要求付保护费，否则就要烧掉他的店。马尔科因为惊吓而付了钱，但没过多久那个混混又来要钱，说马尔科卖给他一辆别人开过的车。这个指控当然不是真的，可是应付这种人不能太过掉以轻心。马尔科决定报警，警察要他约在店里见面付钱，然后当场抓人。这件事我原本完全不知情，是看报纸才知道的，我叫他马上卖掉那家店，换一个工作。他现在在知识产权局著作权组上班，已经十多年了。

○ 安德烈亚决定投入音乐工作的时候，你的反应是什么？

● 我尽了一切努力说服他改变主意。我跟他谈了很久，告诉他这行很不稳定，而且很辛苦。他愿意承担风险。刚开始他跟我学，虽然有进步，但我觉得基础不够稳固，所以决定送他去跟伊尔玛·拉维纳莱[15]学，她是大师，也是非常杰出的作曲家，而且懂得软硬兼施。安德烈亚一度想放弃，结果换成我说服他坚持下去。我对大家的要求都一样，包括亚历山德拉和乔瓦尼在内，我要求他们一定要完成大学学业。乔瓦尼是导演，但他是政治系毕业的。

遗　憾

○ 在结束今天的访问前，我想要提前问一个问题。
● 好，你想问什么？

○ 我一直想知道，像你这样写过那么多脍炙人口的音乐、跟重量级导演合作过、得到各种奖项肯定的艺术家，有没有在工作上做过什么后悔的事情？
● 你指的后悔是什么？

○ 例如你有没有错过哪些电影的配乐工作？
● 有一部电影因为阴错阳差最后没能合作，那部电影是《发条橙》（*A Clockwork Orange*，1971）。导演库布里克（Kubrik）听到《对一个不容怀疑的公民的调查》的配乐很喜欢，想找我跟他合作。他打电话给莱昂内，那时候我们正在筹备《革命往事》。库布里克对我如此敬重让我受宠若惊。问题出在配乐录制的地点。我希望在罗马录，他不喜欢坐飞机，所以希望在伦敦录。再加上我那时候还在跟莱昂内工作，后来就放弃了。后来库布里克找了沃尔特·卡洛斯（Walter Carlos），他精心完成了跟我截然不同的配乐。

○ 这是唯一的遗憾吗？
● 没能替马力克的《细细的红线》（*The Thin Red Line*，1998）配乐我觉得很遗憾，之前的《天堂之日》（*Days of Heaven*，1978）我们合作愉快，而且让我第一次入围奥斯卡。但因为我那段时间到处旅行，他没能在合约期限截止前找到我。另外就是贝托鲁奇的《末代皇帝》（*The Last Emperor*，1987），不过那次他并没有找我。我说遗憾，是因为我和贝托鲁奇之前共事了五部电影。最后我要说的是，我很后悔断然拒绝了一个优秀导演：弗拉维奥·莫盖里尼[16]，他打电话给我，请我写一段柴可夫斯基风格的音乐，我叫他滚蛋，然后就挂了电话。我知道我很失礼，他应该只是用字上有欠考虑。

第一次访问就此结束。我们约了十月再见，我那时候会回罗马参加电影节。莫里康内送我们到门口的时候，说他要跟其他艺术家一起去见教宗，还说韦恩斯坦选好了《九》的音乐，是莫里康内比较喜欢的那个版本，可想而知。

注　释

1. 丹提·费瑞提（Dante Ferretti, 1943—），意大利电影美术指导，参与电影作品包括《纽约黑帮》（*Gangs of New York*, 2002）、《飞行家》（*The Aviator*, 2004）等。
2. 保拉音乐奖（Polar Music Prize），瑞典知名音乐团体ABBA经纪人斯蒂格·安德森（Stig Anderson）于1999年创办，遴选年度最佳音乐人，由瑞典皇家音乐学院颁奖。2010年保拉音乐奖颁给莫里康内的声明如下："莫里康内让人陶醉的作曲及编曲，将我们的生命带到另一个层次，让生活点滴转化为电影场景。1964年他为《荒野大镖客》（*A Fistful of Dollars*, 1964）创作电影配乐，受限于预算不能用大型管弦乐团，因而创造出新的音乐类型，改写了半个世纪的电影音乐，同时也影响并启发了为数众多的音乐家，包括流行乐、摇滚乐及古典音乐。"
3. 卡尔海因茨·施托克豪森（Karlheinz Stockhausen, 1928—2007），德国作曲家、音乐理论家、音乐教育家。其作品以创新闻名，融合不同元素，试图营造出全新的音乐。
4. 《巴阿里亚》（*Baarìa*, 2009），透过一个家庭的世代变迁，描述西西里小镇巴格里亚（Bagheria）从20世纪30年代到80年代的历史。该片赢得2010年意大利电影戴维奖的最佳电影配乐奖和金球奖最佳电影配乐奖。
5. 《天伦之旅》（*Everybody's Fine*, 1990），描述独居在西西里的老父亲突然决定造访散居各地的五个儿女，各自面临人生难题的孩子其实向来报喜不报忧，于是谎言一一被揭穿，老父亲回家后决定对已过世的亡妻如法炮制，只说"天伦之旅"。莫里康内在片中客串饰演米兰史卡拉歌剧院的乐团指挥。该片赢得法国戛纳电影节评审会大奖、意大利戴维奖最佳电影配乐奖。好莱坞导演柯克·琼斯（Kirk Jones）于2009年翻拍，片名仍为《天伦之旅》。
6. 在意大利早年的中小学教育中，天主教课程为必修，1984年后才改为选修。
7. 《玫瑰经》（*Rosarium*），正式名为《圣母圣咏》，是天主教徒用以敬礼圣母玛利亚的祷文。
8. 第二次梵蒂冈大公会议，1962年10月11日由教宗若望二十三世召开，1965年9月14日由新教宗保禄六世结束，是整个基督教历史上规模最大、参加人数最多、发表文件最多、涉及内容最广的一次会议，掀起了罗马天主教在当代世界的革新运动。
9. 调式音乐（modal music）不同于调性音乐（tonal music）有一个主音，构成音乐的所有音符都绕着主音打转；而是遵循中世纪修士所建立的一套有系统的调式（modo，也有人称为教会调式）建构音乐。
10. 凯尔特（celts）是指公元前十世纪以后公元前两千年在中欧活动、有共同文化和语言的民族。今天的凯尔特是指不列颠群岛、法国布列塔尼地区中与古代凯尔特人有共同点的族群。

11 恩尼奥·弗兰恰（Ennio Francia，1904—1995），意大利神父，也是知名艺评家，在多家报纸、杂志上撰写专栏。"蒙席"（monsignor）则是教宗颁给有功神父的荣衔。
12 戈弗雷多·彼得拉西（Goffredo Petrassi，1904—2003），意大利知名作曲家、音乐教育家，许多作曲家皆出自他门下。创作风格多变，横跨电影配乐、室内乐、声乐、合唱曲、独奏乐曲、芭蕾舞剧等领域。
13 卢恰诺·萨尔切（Luciano Salce，1922—1989），意大利导演、演员，曾担任电视综艺节目主持人，并成立剧团。以执导喜剧电影《方托兹》（*Fantozzi*，1975）闻名。
14 早期意大利婚礼收礼，但不收礼金，新人可以事先提供新家需要添购的物品清单，由亲友从中"认购"。
15 伊尔玛·拉维纳莱（Irma Ravinale，1937— ），意大利知名作曲家、音乐家。也是彼得拉西的门生，曾担任罗马音乐学院院长，因其在教学及文化上的卓越贡献，多次接受意大利政府颁发勋章表扬。
16 弗拉维奥·莫盖里尼（Flavio Mogherini，1922—1994），意大利电影美术设计师、服装设计师、导演。

03　巴赫的秘密

莫里康内：你肯定知道巴赫这个名字的拼音从德文谱号来看，是一个音乐主题：B等于降Si，A是La，C是Do，H等于Si。我的电影配乐常会用这几个音来搭配组合。这也是一种把我的理念融入工作中的方法。

踏入电影配乐界 / 与萨尔切共事 /
早期合作的导演 / 对其他音乐家的看法 /
续谈早期合作的导演

2009 年 10 月 16 日，星期五

今天下午阳光灿烂，但是带点慵懒。我之所以在罗马，是因为原本单纯的电影界聚会在吉安·路易吉·龙迪¹当上主席之后，就被搞成了货真价实的电影节。

我是当初创办这个活动（不管这个活动叫什么）的元老之一，我跟马里奥·塞斯蒂（Mario Sesti）一起负责美国的电影界大佬。两年前马力克首度在罗马电影节这个公开场合发言，我跟马里奥直到今天都还不敢相信那是真的。今年我们邀请了梅丽尔·斯特里普（Meryl Streep），在跟美国电影界各个重量级人物有过超过二十五次碰面后，我得在众目睽睽之下，第一次跟那位我从未谋面的她对谈。我说"那位"，说的其实是世上最伟大的女演员和让人肃然起敬的巨星。我又累又紧张。从纽约出发的飞机延迟了一个小时才到罗马，我匆匆盥洗，然后赶去见莫里康内。

我回罗马时，通常都会住在母亲家，在帕利欧里区，我是在那里长大的，初恋是在那里谈的，也是在那里尝到了孤单的滋味。我父亲是在那个家过世的，许多年前的 12 月 26 日。虽然我已经搬到纽约十五年，却觉得自己从未离开过那个家。

最大的改变是母亲的身体。每隔两三个月来看她时，无法视而不

见的岁月痕迹让我十分担忧。她在两天前开刀治疗白内障，所以一只眼罩着纱布，另一只眼因为看到我而泪光闪烁。太太杰奎琳跟我一起回来，母亲看到她，赞美她"气色很好"。我跟母亲说时间来不及了，但她已经摆好桌子，准备了好大一个水牛乳做的莫札雷拉奶酪，那是我最喜爱的人间美味之一。

出人意表的是，我居然准时来到莫里康内家赴约，是他太太玛丽亚开的门。不变的是客气的问候，照旧询问是否要咖啡，我则照旧谢绝。

我坐在客厅等，看到三本跟电影《巴阿里亚》有关的书。我们习惯坐的沙发前方茶几上有很多艺术方面的书，我照旧看向窗外，看到祖国战士纪念碑完全被鹰架遮蔽。

这时候莫里康内现身，问我是否看了他建议我看的那本书。我才刚翻了几页，但我不想让他失望，说我开始看了，他跟我解释说他和作者之间发生了一些争论。

要试着把危机化为转机，我记得丘吉尔的教诲，于是赶紧就此展开对话。

踏入电影配乐界

○ 你不介意的话，我想从这里开始。可以谈一下这件事吗？

● 他对我在某些电影里放入了前卫音乐的元素很不以为然。我认为这是让广大受众接近当代音乐的一种方式，但米切利却觉得这么做是错的。他举了达利奥·阿基多的电影为例，说我这么做会把那种音乐跟惊悚悬疑片划上等号。我对这个说法无法认同，但决定好好想想。数年后我告诉他，朱塞佩·韦尔迪[2]年轻的时候会用不和谐的和弦，特别是自然小调属七和弦表现最悲伤的时刻。我的结论是：事情并不像他说的那么负面。

他盯着我看，仿佛对自己回复那位乐评家的答案很满意，其实他对米切利仍然十分敬重。

○ 《巴阿里亚》的票房如何？
● 很好，前三周累积了八百万欧元的票房。

看得出来他很为托纳托雷高兴，因为托纳托雷不仅是他敬重的人，也是朋友。他说：

● 托纳托雷对我而言是家人，就跟以前的莱昂内一样。我们常见面，或聊心事或闲聊，他母亲如果在罗马的话，有时候也会一起来。

我说要从上次访问结束的地方继续下去，我的第一个问题是对他有影响的乐团指挥有谁。

● 我不知道怎样算是真正的影响，不过的确有几位指挥是我非常敬仰的。例如卡洛·萨维娜，他不仅是优秀的指挥，也是杰出的作曲家。他让我跟他共事，在我还是无名小卒的时候给我支持鼓励。许多我负责编曲的歌后来都在电台播送。在从事电影配乐工作之前，我为电视台、广播电台和小型歌舞剧作曲，特别是雷纳托·拉谢尔[3]和多梅尼科·莫杜尼奥[4]的舞台剧。结束舞台剧《喜剧收场》之后，萨尔切让我加入他的电影《法西斯分子》（*The Fascist*，1961）。之前他的另一部电影《春药》（*Le pillole di Ercole*，1962）也找过我，不过那部片的制片迪诺·德·劳伦提斯[5]不同意，当年我默默无名，他想找一个比较稳当的人。

○ 后来你有跟德·劳伦提斯提过这件事吗？

● 没有，虽然后来我遇过他很多次。我也不知道为什么，完全没想到。不过那段时间拒绝我的人也不只他一个。马里奥·博纳德（Mario Bonnard）导演、阿尔贝托·索尔迪（Alberto Sordi）主演的电影《卡斯托内》（Gastone，1960）也找过我，但我知道他们对我提出的构想存疑，后来负责配乐的是戈尔尼·克拉默（Gorni Kramer）。总而言之，萨尔切终于在拍《法西斯分子》时成功推荐了我。那部片的男主角是乌戈·托格内吉（Ugo Tognazzi），女演员是十分年轻的斯蒂芬尼娅·桑德雷莉（Stefania Sandrelli）。萨尔切之前跟驼子剧团（Teatro dei Gobbi）的弗兰卡·瓦莱里（Franca Valeri）、维多利亚·卡普里奥（Vittoria Caprioli）和阿尔贝托·博努奇（Alberto Bonucci）共事过，他要求托格内吉换一种表演方式，但对观众而言太过陌生了。

○ 配乐部分，萨尔切给你什么指示了吗？

● 我不太记得了，应该有跟我解释说主角有其可悯之处。他接受了我的提案，同时让我思考这个跟游击队共处的党委书记的故事。萨尔切也很喜欢另一个角色，那个角色是以朱塞佩·萨拉盖特[6]为蓝本塑造的，他是一个热爱贾科莫·莱奥帕尔迪[7]的文人。他希望电影是滑稽又感人的，我试着用音乐烘托这样的氛围。

○ 当时，电影对你而言是什么？

● 我刚开始没想过要当电影音乐人，但现在的我对自己完成的作品充满热情和骄傲。当我在乐团里吹小号帮电影配乐的时候，那的确是我渴望的工作。电影音乐圈内有很多人才，也有庸才，还有很多作品都不是自己写的、完全无法胜任这份工作的人。这是我的深刻体认。那段时间我帮其他大师写了很多作品，他们只负责签名。我很煎熬，最痛苦的时候是其中一位大师以完全出自我手的配乐作品得到了电影银缎带奖（Nastro d'Argento）[8]。

○ 那位大师是谁？

● 我不方便说名字。

○ 希望你不要介意我离题。你真的在吉洛·彭特克沃的婚礼上帮他演奏小号？

● 不完全是。他跟他太太在罗马市政府公证结婚，请我在他们步入广场的时候吹结婚进行曲。我是为了他才答应的，我并不觉得在市政府广场上吹小号是很值得兴奋的一件事。

○ 你跟吉洛·彭特克沃是好朋友？

● 他是我最亲近的朋友之一。我们之间是跟工作无关、历久弥新的友情。他拍的电影作品也不多就是了……

○ 哪几位导演是你的朋友？

● 遗憾的是，有些已经过世了，像彭特克沃、莱昂内、鲍罗尼尼。今天我认为很亲近的好友有托纳托雷、蒙塔尔多、阿尔贝托·内格林（Alberto Negrin）、斯特凡诺·雷亚利（Stefano Reali）和其他几人。

与萨尔切共事

○ 我们再回过头谈《法西斯分子》吧。

● 那部电影非常成功，我的名字也在电影制片界传开来。不过可以施展的空间不多，那时候意大利影坛有太多音乐大师了，像阿曼多·特罗瓦约利（Armando Trovajoli）、卡洛·鲁斯蒂凯利（Carlo Rustichelli）、皮耶罗·皮乔尼（Piero Piccioni）和安杰洛·弗朗切斯科·拉瓦尼诺（Angelo Francesco Lavagnino），他的产量十分惊人。后来萨尔切又找我为电影《欲海惊心杀人夜》（*Crazy Desire*，1962）配乐，演员还是托格内吉，以及卡特琳·斯帕克（Catherine Spaak），那是她第一次登上大银幕。电影故事说的是一个四十多岁的中年男子爱上了十八岁的年轻女孩。萨尔切希望我的音乐很罗曼蒂克，同时带点幽默，好搭配有点滑稽的男主角，因为他不懂年轻人的用语，后来被他爱上的那个女孩的朋友嘲笑。

○ 萨尔切是怎样的人？

● 很聪明。不仅是才华洋溢的导演，也是多变的演员。因为一场意外受伤，他的嘴略微歪斜，但这个缺憾反而让他检视生命的时候多了一份踏实和讥讽。我们在工作上的合作很有趣，收获也很大。我们联手为詹尼·莫兰迪（Gianni Morandi）写歌，他负责歌词，我自然是负责曲子。其实有几首歌写得蛮糟的，例如有一首歌的歌名叫做《Go-car 赛车扭一扭》（*Go-kart Twist*）。

说到这里，莫里康内哼起了那首歌的旋律。副歌歌词是这样的："戴上你的安全帽，go go go-car。"

那首歌听起来真的很糟，显然他是第一个知道的。

○ 你从萨尔切身上学到了什么？

● 认真对待工作，即便是看似轻松的工作。跟他合作，或应该说从那时候开始，我面对工作的态度都是如此，尽全力，做到最好。而且萨尔切这个人彬彬有礼，总能够把苦涩转化为荒诞可笑跟自我解嘲，他笑看人生。我们共事多次,包括电影《一女一百万》(*A Girl... and a Million*, 1962),但自从帮莱昂内写电影配乐后,我跟萨尔切就没再合作过。

○ 为什么?
● 他听了我帮莱昂内写的音乐后说:"你是有神秘感而且超凡入圣的音乐家。"我觉得他只是在赞美我,但他接着说:"你不能跟我工作,我是搞笑的。"我回他说:"我想我对音乐有足够的认识,什么音乐都难不倒我。"但他并不以为然,后来他的《方托兹》(*Fantozzi*,1975)就没有找我。"

○ 你认同萨尔切对你的定位吗?
● 多年后我曾经想过。我当时想的是我帮阿基多写的配乐,其实神秘感的曲子也有不好的。写《教会》配乐的时候也想过。

○ 你没有回答我的问题。
● 我想我是认同的。

○ 你知道,除了《美国往事》的《黛博拉之歌》外,我最喜欢你的哪一个作品吗?

他没有回答我,或许我说错话了。我连忙补充说:我非常喜欢《对一个不容怀疑的公民的调查》,那部电影的主旋律会不停在脑袋中盘旋,这样的音乐很少……

莫里康内似乎对那部电影有话要说:
● 我尽量简化,但也避免流于俗套。那个旋律来自民歌,经过细腻加工，注入了西西里的元素。用街头乐器演奏，还有听不出来的半音阶。我故意用了民间传统音乐的半音阶，还有琶音[9]，让人立刻就能记住。我那时候想要找出与众不同的东西，结果找到了亨利·韦纳伊（Henri Verneuil）《神机妙算》（*The Sicilian Clan*，1969）电影配乐的主旋律。我之前就写了一段类似的琶音，这是我第一次透露，那段琶音的灵感其实来自于巴赫（Bach）的《d小调赋格曲》（*Fuga in la minore di*）的前奏。也就是说我本来想要突破，结果我拿以前写好的、灵感来自巴赫《d小调赋格曲》前奏的主旋律重新加工。我工作的时候，常常会拿音乐奇才巴赫当榜样。另一个音乐伟人吉罗拉莫·弗雷斯科巴尔迪[10]也是我参考的对象，他比巴赫早一个世纪以对位法编排音乐，我们今天习惯上都称对位法为"巴赫对位法"。但巴赫在他那个年代肯定知道弗雷斯科巴尔迪的曲子。他想研究弗雷斯科巴尔迪的半音阶：A、B升，B、F升，F、E……

听到这里我就放空了，但更糟的还在后面。莫里康内接下来说的句子前面几个字逼得我不得不傻笑。"你肯定知道……，"他停了几秒钟，先重复了刚才那几个字才又继续往下说：

● 你肯定知道巴赫这个名字的拼音从德文谱号来看，是一个音乐主题：B等于降Si，A是La，C是Do，H等于Si。我的电影配乐常会用这几个音来搭配组合。这也是一种把我的理念融入工作中的方法。

我得找寻脱身之道，只好再次借助丘吉尔的智慧。

○ 可以举例说明你在什么地方做了这类处理吗？
● 我举一个例子，灵感源自弗雷斯科巴尔迪的作品：《阿尔吉尔之战》的电影开场配乐，那六个音符是弗雷斯科巴尔迪的。讲到这里，我要跟你说，我其实对彭特克沃那次也挂名电影配乐并不是很高兴。他当时有一个很棒的想法，后来也用在电影里了，那确实出自他的原创。但我想要"整"他一下，所以回了一个他永远也想不出来的配乐主题。我那时候想要宣示主权，现在回想起来，我仍然觉得他提出的那个音乐灵感很美，带点非洲元素，很有古风，有大三度和小三度，我以此为基础完成了很多变奏。

早期合作的导演

○ 我们回头谈早期合作的导演吧。在萨尔切之后是谁？

● 卡米洛·马斯特罗钦奎（Camillo Mastrocinque）。我替他的电影《超级机车》（*I Motorizzati*，1962）做配乐，《Go-car 赛车扭一扭》就是其中一首。我在他身上学到了热情多礼会让人有意想不到的收获。

○ 对我而言，他的名字跟托托（Totò）[11]是分不开的……

● 他伟大的地方也在于他能够为人作嫁。马斯特罗钦奎本人十分优雅，很像老一辈的长者。对某些人而言，他会去拍摄这种大众娱乐电影是蛮奇怪的。

○ 除此之外，你还跟其他导演合作过吗？

● 韦特缪勒，她找我跟她合作她的第一部电影《翼蜥》（*I Basilischi*，1963）。我那时候刚崭露头角，制片终于对我比较放心了。

○ 你们之间的关系如何？

● 她是十分聪慧且准备充分的女性，也是很棒的电影和舞台剧剧本创作人才，我们到今天仍然是朋友。

○ 你这么说好像很怕会被她骂……

● 我并不会让步，她很强悍，有时候也会小小的跋扈无礼。我无法理解也无法认同她当时的某些态度或介入。她之前都跟戈尔尼·克拉默（Gorni Kramer）合作，或许他接受那种作风，但我没办法。数年后她找我帮《咪咪的诱惑》（*The Seduction of Mimi*，1972）配乐，我拒绝她的时候，她说："我知道，你现在是个混蛋。"

但我们仍然是朋友，偶尔她会问我："我们什么时候再合作？"我总是半认真半开玩笑地说："永远不再合作！"后来她找我合作《平民天使》（*Ninfa Plebea*，1996）的时候，情况就好多了。我发现她从不跟同一个音乐家合作两次以上，我想这应该跟她的个性有关。

你知道她以前会要求我什么吗？在拍摄《翼蜥》的时候，她要我为歌手福斯托·奇利亚诺（Fausto Cigliano）写一首英文歌，她希望是华尔兹带爵士乐风格，还要我参考另一个音乐家埃齐奥·卡拉贝拉（Ezio Carabella）给电影《拿走灯笼》（*Volti la lanterna*）做的配乐。我那时候不懂，后来想一想，才发现卡拉贝拉是马尔切洛·马斯特罗扬尼（Marcello Mastroianni）太太的亲戚[12]。但我觉得这跟那部电影一点关系也没有。

○ 你在韦特缪勒身上学到了什么？

● 她总是跟我说"美好的东西应该往上走"，所以曲调要往上，不能往下。她给我上了意外的一课。

另外，我还从那段并不轻松的关系中学到了自尊与适度反抗。你要知道，当我拒绝《咪咪的诱惑》的时候，我的收入还十分不稳定。

对其他音乐家的看法

○ 你之前提到了几个音乐家的名字,我想请问你对他们的看法。
● 你想从谁开始谈?

○ 尼诺·罗塔[13]。你怎么看他?
● 他是不折不扣的音乐家,但我很晚才知道他。我不是很喜欢他跟费里尼合作的那些电影配乐,后来我才知道问题不在他,而在费里尼。费里尼的音乐涵养主要奠基在两首曲子上,一首是流行曲《我在寻找叮叮娜》(Io cerco la Titina),另一首是《斗士进行曲》[14],他每次都要从这两首曲子中找变奏。罗塔常信手弹来,弹完就忘,或许他希望费里尼也听完就忘,偏偏费里尼智慧过人,看出罗塔的用意,开始把他随手弹的东西录下来。

不过我看费里尼的《卡萨诺瓦》(Fellini's Casanova, 1976)的时候,发现罗塔是真正的音乐家,他摆脱了长久以来跟费里尼牢不可分的马戏团模式,做出了很美也很重要的音乐。后来还有一件事,联合国儿童基金会找我作曲,以呼吁全世界重视儿童权益,我还推荐了罗塔、埃吉斯托·马基(Egisto Macchi)、佛朗哥·埃万杰利斯蒂[15]和路易·恩里克斯·巴卡洛夫[16]。那次我写的曲子不容易懂,我在调性音乐[17]中融入了现代音乐的元素,也就是说在调性音乐的系统中加入了前卫音乐。可以说是进步,也可以说是胡闹。罗塔听了以后说:"你写的是点状调性音乐。"而且他很喜欢。这让我大感意外,因为其他音乐同侪都没有人发现。他那句话说明了他是有深度的音乐家。

○ 你觉得《教父》(The Godfather, 1972)的配乐如何?我非常喜欢。
● 我觉得太流行了,你知道那原本是为爱德华多·德·菲利波

（Eduardo De Filippo）的电影《幸运女孩》（*Fortunella*，1958）写的[18]，他自己说对那个作品并不满意。但是有的作品很有趣，例如《豹》（*The Leopard*，1963）的配乐。我很推崇他的室内乐作品，虽然并不是每个我都喜欢。

○ 他是怎样的一个人？

● 很温和的一个人。老是心不在焉，对大家都很客气。他有一件事很少人知道：他很爱打坐。

○ 之前你提到有音乐家会拿别人的作品来用。

● 我宁愿谈我肯定的音乐家。有的没有受过完整的音乐教育，却有了不起的音乐直觉。例如皮乔尼，他应该去当律师的，随便举个例子来说好了，他不知道什么是对位法，可是他热爱音乐，尤其喜欢美国音乐。他也很喜欢盲人钢琴家舍尔瑞格（Scheerig），在他的作品里到处都有那位乐师的影子，即便电影根本不适合那样的语汇。不过皮乔尼懂得转化为他自己的语汇，应用在类型截然不同的电影中。

○ 还有其他音乐家是你肯定的吗？

● 很多。还有尼古拉·皮奥瓦尼[19]，他是全方位的音乐家，不过并非他所有的电影配乐作品都能从中感受到那真实的伟大力量。还有巴卡洛夫（Bacalov），也是位优秀的钢琴家，独奏的表现更是杰出。他的音乐道路是从钢琴开始的，跟我学习对位法，不过才上几堂课就停了，我怀疑他只是想来确认我是不是真的懂对位法。另外还有两位音乐家也很好，佛朗哥·皮耶尔桑蒂（Franco Piersanti）和卡洛·克里韦利（Carlo Crivelli）。

续谈早期合作的导演

○ 我们回头谈导演。在韦特缪勒之后,你还跟谁合作过?

● 保罗·卡瓦拉(Paolo Cavara)。我给他的电影《恶世界》(*Malamondo*,1964)配乐,那是仿纪录片《世界残酷秘史》(*Mondo cane*,1962)的剧情片。那是美妙的经历。因为是由不同短片组成的片子,所以我有绝对的自由编写风格截然不同的曲子。

○ 都是谁跟你联络,制片吗?

● 我不认识半个制片。我认识的第一个制片,是莱昂内的制片阿尔贝托·格里乌尔迪(Alberto Grimaldi)。

○ 你那时候已经有自己的工作模式了吗?

● 应该是没有。我们是在唱片时代长大的,功成名就的都是歌手,与其他人无关。但是在电影界我必须为电影的成功负责,这通常意味着要把事情简化,也就是说我得找到制胜关键。

不过话说回来,唱片也是如此。举个例子,我在帮民谣《深夜花痴》(*Voce e notte*,又译《深夜歌声》)重新编曲的时候,用了贝多芬的《月光奏鸣曲》(*Moonlight Pathetique appassionata Sonatas*)当伴奏的开头。我尽量找能让我在专业上受益的元素,做研究的时候也一样,那个东西要能让我当个抬头挺胸的作曲家。有时候电影本身真的很普通,让我很难做音乐,但我从不放弃在弗雷斯科巴尔迪的六个音和巴赫的四个音之间寻找。

所以方法不会只有一种。莱昂内会在开拍前告诉我电影剧情,提早让我知道画面取景,所以跟他合作时,往往是电影还没拍完,就已经开始录音了。有的导演会给我看剧本,虽然我比较喜欢看片花。有的时候是等片子拍完了才找我,或许只需要写其中一段主题音乐,就像《九》。

○ 跟朱塞佩·帕特罗尼·格里菲(Giuseppe Patroni Griffi)的关系如何?

● 他把《来吃晚餐》(One Night at Dinner,1969)的剧情说给我听之后,要我负责配乐。我提了一个方案,他立刻就接受了。他很有教养,可爱、幽默,是个率真的那不勒斯人。他难免有创作危机,有时会感到沮丧,但总能用乐观、戏谑的态度面对。那部电影得到银缎带奖的时候,他发了一个电报给我,上面写着:惭愧之至。后来我跟他还有继续合作,每次都很愉快,很遗憾没有参与他的第一部电影《海》(The Sea,1963)。

○ 跟莱昂内是怎么开始合作的?

● 他听了我给另外两部西部片《我的子弹不说谎》(Bullets Don't Argue,1964)、《红沙地上的枪战》(Gunfight at Red Sands,1963)做的配乐后打电话给我。他跟别人问了我的地址跟电话,那时候我住在蒙特维蒂小区,毛利兹·夸德里欧路上。他打电话来,开门见山地说:"我去找你。"

○ 他认出你来了?

● 是我发现我们是小学同学的,但也是后来才发现的。他跟我说他很喜欢我做的西部片配乐,他刚结束《罗德岛巨像》(The Colossus of Rhodes,1961)的拍摄工作,正在筹拍一部片子叫《荒野大镖客》(A Fistful of Dollars),是西部片。

我觉得他是个有趣的家伙,他带我到郊区的电影院看一部日本片,是黑泽明的《用心棒》（*The Bodyguard*，1961）。老实说，从音乐角度来看，我对那部电影没什么感觉。莱昂内知道我在想什么，他说我们要加入点玩世不恭的味道，而且口味要重，要有点耍无赖的感觉。

匆匆两个小时过去了，我问莫里康内要不要把莱昂内的事留到几天后下次见面再谈，他同意。他说过几天要去洛杉矶，有好几场音乐会。他送我到门口，告别时停了几秒钟，然后说："等我回纽约，我要发书面声明，对 MoMA 的朋友致歉。"我说不需要，他们都已经了解那晚的情况了。看得出来他还是觉得很不好意思，他解释说，他被迫在排练当天晚上换掉整个合唱团。因为一些状况让他发现里面有非专业人士，他们能力明显不足。

我重申事情已经过去了，但他还是给了我一个深感抱歉的微笑。

注 释

1 吉安·路易吉·龙迪（Gian Luigi Rondi, 1922— ），知名意大利资深影评人，现任意大利电影戴维奖主席及罗马电影节主席。
2 朱塞佩·韦尔迪（Giuseppe Verdi, 1813—1901），意大利歌剧作曲家，作品包括《弄臣》《茶花女》《阿依达》等。
3 雷纳托·拉谢尔（Renato Rascel, 1912—1991），意大利知名喜剧演员、创作歌手及舞者。多才多艺，曾获意大利电影戴维奖，后来专注于舞台剧演出。
4 多梅尼科·莫杜尼奥（Domenico Modugno, 1928—1994），意大利知名创作歌手、演员、导演。可说是意大利创作歌手始祖，创作产量甚丰，共写过二百三十首歌，最脍炙人口的歌曲是《飞翔》（Volare）。
5 迪诺·德·劳伦提斯（Dino De Laurentiis, 1919—2010），知名意大利电影制片，作品包括费里尼的《大路》（The Road, 1954）、罗西里尼的《欧洲1951》（Europa'51），迁居美国后，作品有大卫·林奇的《沙丘》（Dune）等。2003年获得威尼斯终身成就奖。
6 朱塞佩·萨拉盖特（Giuseppe Saragat, 1898—1988），意大利政治家、外交家，是意大利共和国第五任总统。1943年因对抗萨洛伪政府，曾被捕入狱。
7 贾科莫·莱奥帕尔迪（Giacomo Leopardi, 1798—1837），十九世纪意大利最重要的诗人、哲学家，也是浪漫主义文学的代表人物。
8 欧洲历史最悠久的电影奖，1946年由意大利电影记者工会创办。
9 指一串和弦音从低到高或从高到低依次连续奏出，通常在练习曲中作为技巧训练，或在乐曲中作为连按句。
10 吉罗拉莫·弗雷斯科巴尔迪（Girolamo Frescobaldi, 1583—1643），意大利音乐家，被公认为十七世纪最重要的大键琴作曲家。
11 Totò是喜剧演员安东尼奥·德库尔蒂斯（Antonio de Curtis, 1898—1967）的艺名，他从舞台杂耍剧起家，之后登上大银幕，跟名导演费里尼、帕索里尼皆合作过，有"笑王子"（principe della risata）称号。是意大利剧场史、电影史上最重要的演员之一。
12 韦特缪勒原本除了跟随剧团巡回欧洲演出和担任舞台经理外，也帮广播电台、电视台写脚本。后来在马斯特罗扬尼介绍下进入费里尼的电影《八部半》当制片，从此踏入电影圈。
13 尼诺·罗塔（Nino Rota, 1911—1979），意大利知名作曲家，许多脍炙人口的电影配乐皆出自他手，例如《教父》、《大路》、《甜蜜的生活》（The Sweet Life, 1960）及《八部半》等。他也写室内乐、合唱曲、歌剧。
14 《斗士进行曲》（La marcia dei gladiatori）是捷克作曲家尤利乌丝·恩斯特·威廉·伏契克（Julius Ernst Wilhelm Fučik, 1872—1916）于1897年完成的，是一首向罗

马帝国致敬的军乐曲。后来常作为马戏团表演小丑进场时的配乐。罗塔在费里尼的《八部半》中,用了《斗士进行曲》的开场旋律做配乐变奏。
15 佛朗哥·埃万杰利斯蒂(Franco Evangelisti, 1926—1980),意大利音乐家,以前卫音乐、实验音乐为主。
16 路易·恩里克斯·巴卡洛夫(Luis Enriquez Bacalov, 1933—),阿根廷知名作曲家、钢琴家,也从事电影配乐工作,代表作有《邮差》(*The Postman*,1996 年奥斯卡最佳电影配乐奖)、费里尼的《女人城》(*City of Women*,1980)等。
17 调性音乐(tonal music)是指有特定某个或某几个西洋大调或小调的曲子。从巴洛克到浪漫乐派的乐曲都是调性音乐。
18 《幸运女孩》和《教父》的《爱的主旋律》完全一样,只是节奏和乐器运用不同。
19 尼古拉·皮奥瓦尼(Nicola Piovani, 1946—),意大利钢琴家、作曲家、乐团指挥。合作的电影导演有费里尼、南尼·莫雷提(Nanni Moretti)、托纳托雷等。1999 年以《美丽人生》(*Life Is Beautiful*,1997)赢得奥斯卡最佳电影配乐奖。

04　《美国往事》和《阿尔及尔之战》

莫里康内:《美国往事》工程浩大，光看编剧人数就知道。电影连个影子都还没有的时候，我就开始写配乐了，我之前跟你说过，我本来就有那首曲子，就是后来的《黛博拉之歌》。

谈莱昂内 /《黄昏双镖客》的配乐 / 与莱昂内的友谊 / 创作瓶颈 /《革命往事》与《美国往事》/ 莱昂内之死

2009年10月20日，星期二

　　气温骤降，但依旧是秋光明媚的好天气。我迟到了二十分钟，所以紧张兮兮的，但莫里康内似乎没有察觉。或许是他不想让我不自在。我解释说出租车司机坚持要按照GPS的路线走，结果因为新的单行道迷了两次路。他微笑，问我要不要咖啡，我再度谢绝，并请他不要介意，我要是白天喝超过两杯咖啡，晚上就睡不着，更何况我已经有飞行时差的问题了。

　　我一整天被各方疲劳轰炸，大家都是为了索取梅丽尔·斯特里普之夜的入场券。入场券早就卖完了，电影界的朋友跟我说可能会超过四十个名额。真不懂为什么所有罗马人都到最后一刻才想到要找朋友索票，而不去排队买票。或许我已经习惯美国思维了，或许只是为了22日晚上的活动太过神经质。

　　莫里康内说他受邀出席那场活动，但他还不确定会不会飞去洛杉矶。我差点开口向他要票送给朋友，认识的人、朋友认识的人仍不断追着我要票。但我还是忍住了。

　　在客厅坐定之前，传闻他每天早上会在家里慢跑，我问他是否属实。他说那不是传闻，并带我看他的慢跑路线。"你可以顺便看看客厅以外的其他地方。我们从楼上开始好了。"

我们走上木头楼梯，他带我看另一个比较隐秘的小客厅，那里挂了一幅他很喜欢的画，画家是法兰绮思卡·莱昂内（Francesca Leone）。她是塞尔吉奥·莱昂内的女儿。

"这是家里我最喜欢的地方，却也是我待得最少的地方。"

他带我看家里的阳台，一共有四个，每个都风景宜人。其中两个比较小，但不减其美丽。

我们下楼后，他带我走他的慢跑路线。我们穿过客厅、餐厅、厨房、一条小走廊，然后重新回到客厅。

"其实慢跑路线很短，不过是六十米，但我每天都来回跑上四十分钟。我太太说我应该去跑贾尼科洛山，但我已经习惯了，我蛮喜欢的。"

我们走过餐厅的时候遇到了他太太，她知道我们在做什么，微微一笑。"我再跟你说一个秘密"，莫里康内从一个沙发靠垫下拿出藏在那里的一条床单。"我还做体操，但是会先在地上铺床单。"

今天莫里康内的心情很好。或许正因如此，我想要问他都去哪里度假。"通常我会去罗马近郊的康帕艾伊镇，齐瓦拉镇再上去一点的地方。我从1975年开始都去那里度假，但最近三年不去了，因为我们习惯去的餐厅不开了，既然是度假，我不希望太太还要花力气煮饭。今年我们去了罗马附近的圣罗伦佐塔镇，但有时候我们也会去蒙地卡罗。"

"你度假的时候会完全放下工作吗？"

"不会，我照样工作。唯一的差别是没办法弹奏出来，因为身边没有钢琴，也没有其他乐器。"

谈莱昂内

我们在沙发上坐下的时候,他还望了客厅的钢琴一眼。我请他继续谈莱昂内的事。看他今天谈起莱昂内时情绪依旧高昂,让人很难忘怀。我告诉他,上次讲到看黑泽明的电影。

● 好。我要先说一件事,我是因为莱昂内的下唇认出他的。一个很小的细节让我想起了他,我就问他:"你读的小学是不是在台伯河畔大道上?"他说:"没错。你是我小学认识的那个恩尼奥·莫里康内。"你知道的,小学的时候我们都连名带姓叫对方。总之,我就这样从音乐家莫里康内变成了小学同学莫里康内。

○ 我们继续谈黑泽明。

● 我跟你说,那部电影的音乐我研究了不知道多少次,不过那样的模式是专属于那部电影的。

○ 那时候《荒野大镖客》的拍摄进度如何?

● 已经拍完了。我们第一次合作是他打电话给我的时候,那时片子已经剪好了。我想放比较少见的乐器,或比较新鲜的声音处理,例如口哨、排笛、鞭子、打铁的铁砧,但他说最后的决斗场面想要用电影《赤胆屠龙》(*Rio Bravo*,1959)里迪米特里·迪奥姆金(Dimitri Tiomkin)写的《墨西哥进行曲》(*The Deguello*)。

○ 你当时的反应是?

● 不怎么开心。我觉得让我跳过最重要的戏太不公平。我拒绝了,我跟莱昂内说除非那一幕也交给我,否则我就不做。他的妥协是,要我写类似的音乐。我很不高兴，但也不打算就范。我决定用我很喜欢的一个作品再加工，那是我以前帮尤金·奥尼尔（Eugene O'Neill）的戏剧所写的《水手悲歌》（Drammi Marini）。我弹给你听……

莫里康内坐在钢琴前，坐在马法伊的画作前，开始弹琴。其实旋律跟《荒野大镖客》很像。

● 《水手悲歌》是用女低音吟唱的旋律。我加入了类似《墨西哥进行曲》的管弦乐曲，还有类似墨西哥军乐的小号。直到今天还有人以为这两首主题曲是一样的。

他的演奏以一小段悦耳旋律结束，莫里康内提醒我注意两首主题曲在这里的差别。

● 我几年后才跟莱昂内坦白一切，他的反应很妙："以后其他导演不要的，我都要听！"

○ 你在莱昂内的电影里用过写给其他导演的主题吗？

● 有，而且是我所有作品中最有名的一个，也是你的最爱：《黛博拉之歌》。我不想说名字，另外一个名导演找我帮他的电影做配乐。我为他写了那首曲子，但后来我发现他打算在重要场景放莱昂内尔·里奇（Lionel Ritchie）为黛安娜·罗斯（Diana Ross）写的一首歌，他说那是制片签的合约，我无法接受，就放弃了那次合作。不过，虽然那部电影没有用我的作品，他们还是付了费用。

○ 在《荒野大镖客》最有名的那段配乐里吹小号的是谁？

● 米凯雷·拉切伦扎（Michele Lacerenza），他是十分优秀的小号手。但是我费了好大工夫才说服莱昂内用他，莱昂内一心想要尼尼·罗索（Nini Rosso），当年他很红。不过罗索没有意愿，最重要的是他跟美国无线电公司[1]没有合约关系，我才成功推荐了拉切伦扎。拉切伦扎知道莱昂内要的不是他，录音的时候，他是含着泪水吹奏的。后来莱昂内听了非常满意，还特别向我道谢。

○ 老实说，你那时候有想过莱昂内有一天会变成大家爱戴的名导演吗？

● 坦白说，没有。我跟你说一个趣事。《荒野大镖客》上映一年后，我们一起去奎立纳雷电影院看，片子太受欢迎，一直在首轮戏院播放。我们两个走出电影院后，异口同声说："真难看……"

《黄昏双镖客》的配乐

○ 我们谈谈第二部片《黄昏双镖客》（*For a Few Dollars More*，1965）吧。

● 相较于上一部，《黄昏双镖客》简直是一出希腊悲剧，很有力量的一出悲剧，成熟多了，从戏剧和电影的角度来看也进步很多。

○ 这次莱昂内对你有什么要求？

● 这次合作是在电影开拍之前就开始了。莱昂内希望电影的开场音乐跟《荒野大镖客》的主旋律一样，好让大家有直接的联想。我提出了新的想法：把吉他换掉，改用口簧琴，那是在西西里和韩国使用的乐器，有个别名叫做"解忧"。莱昂内相信我，我于是找来了萨尔瓦托雷·斯基利罗（Salvatore Schiliro），他是很棒的口簧琴手。

○ 但是口簧琴的限制不是很多吗？要怎么演奏？

● 所以我们被迫想了一个权宜之计。斯基利罗分别录了 D 大调、F 大调、G 大调和降 B 大调，然后我们再把每个小节接起来。结果很不可思议，很少人能猜到那是怎么做出来的。

○ 《黄昏双镖客》里也有小号。

● 当然，这次我推荐的小号手是尼诺·库拉索（Nino Culasso）。教堂那场戏，沃隆特在准备杀人之前，当着那人的妻女先用言语羞辱了他一番，我的主题曲开场灵感来自巴赫的《d 小调前奏曲》与《d 小调赋格曲》，还有管风琴演奏。莱昂内很满意。

○ 你有没有去过莱昂内的拍片现场？

● 只去过两次。一次是《西部往事》（*Once Upon a Time in the West*, 1968）开拍当天，那天在罗马电影城拍克劳迪娅·卡尔迪纳莱（Claudia Cardinale），另外一次是《美国往事》开镜日。因为《西部往事》广受好评，莱昂内坚持要我也参加《美国往事》的开镜，这是为了迷信，也是因为这两部电影的意大利文片名都有"C'era una volta"[2]。

○ 他那天拍的是哪一场戏？

● 鸦片屋那场，是在彗星戏院搭的景，离我家只有几步路。那天有一个中国女演员做不到莱昂内的要求，NG 了四十次之后我就走了。

○ 他找你合作第二部电影的时候，有什么要求吗？

● 他希望把小号的墨西哥元素拿掉。反正他看到了上一部片的结果，所以给了我更多自由发挥的空间。

○ 莱昂内对《黄昏双镖客》的配乐有什么明确的要求吗？

● 主要是针对整体铺陈，但他甚至到了录音阶段也很关心。有一次他还跟我的第一小提琴手佛朗哥·坦波尼（Franco Tamponi）发生了冲突。

○ 为什么？

● 他要求某一段的渐强要更明显，一时情急，他按下主控室的通话键，很大声地跟乐手这么说。坦波尼冷冷地回答说，他只听我指挥。

○ 这部电影也有被刷掉不用的曲子吗？

● 有一段音乐是为墓园那场戏写的，有很多钟声。莱昂内不是很满意，所以我又写了后来《黄金三镖客》里面最有名的那段《淘金热》（*L'estasi dell'oro*）。不过，我写第一段的时候，连故事是什么都不知道。

○ 被刷掉的那首曲子后来有再拿出来用吗？

● 没有，再也没拿出来过。通常这些曲子我都会丢掉，只有我之前跟你说的是例外。

○ 你今天回头听，觉得那时候的作品怎么样？

● 有点幼稚。当然，我比那时候进步了。口簧琴成了《黄昏双镖客》的一个重要标记，不时会出现在电影里。那是莱昂内的决定，或许有点太夸张，但我让步了。我们已经变成好朋友，但仍不忘对彼此尊重和敬仰。

与莱昂内的友谊

○ 你如何形容你们之间的友谊？

● 很知心，很逗趣，也很深刻。我有个小故事要告诉你，但你得跟我走。

他站起来，指着客厅里一张很美的大理石桌给我看。

● 有一天我们两个陪太太逛街，在一家古董店里，我看到这张桌子，一眼相中。我问了古董商价钱，再问莱昂内的意见。他冷冷地对我说："好丑。"我回家后，始终对他的冷硬否决耿耿于怀，考虑了一会儿之后，我还是打电话给古董商，他开价两千万里拉。我去付钱的时候，发现莱昂内也打了电话说要买。我跟自己说："他居然放烟幕弹？"我打电话去骂他，最后当然是嬉笑收场，但我对他不爽了很久。

○ 莱昂内让你觉得最受益匪浅的是什么？

● 从艺术的角度来看，是他的细腻。他是一个精准、专注、投入、批判、谦逊，而且有备而来的人。

○ 你们之间的对话是怎样的？

● 莱昂内比我想象的和大家传说的更善于聆听。当他觉得可行，就会接受我的提议，跟所有紧密合作的伙伴一样。他会说很多，以便来回对照比较，但也会聆听。他会解释所有细节，也会注意到听者脸上几不可察的反对表情。让他改变主意并不需要费九牛二虎之力。他不独裁，虽然看起来很独裁。他对自己的不安全感了然于心。

我举个例子给你听：《革命往事》在剧组内部试片多次后，决定安排家人一起观赏。我邀请了妹妹、妹夫来，想看看他们的反应。那次莱昂内完全没在看电影，他在看观众，他发现我妹夫在最后一场回忆之前站了起来，他以为电影演完了。就因为这样，莱昂内把意大利版本最后那场回忆戏剪掉了。他还记得之前《西部往事》有三个结局，结果饱受批评。或许这个决定有点奇怪，有欠考虑，但也足以说明他的勇气。

○ 你对这几部电影还有其他值得留念的记忆片段吗？

● 有一点让人很难忘，发生在《黄昏双镖客》里。我刚说到教堂那场戏，妇人手中抱的小女孩是法兰绮思卡·莱昂内。

○ 接下来拍的是《黄金三镖客》。

● 更进步了，而且是突飞猛进。还是有小号，但纯然是作战需求，在南北战争战场上伤亡遍野的场景则用了比较古典的旋律。

○ 莱昂内有什么要求吗？

● 很少。我们已经合作无间、彼此信任了。我在这部电影里加入了几个比较有趣的想法，例如土狼的叫声变成了一种音乐主题，莱昂内还用在片尾跟电影的一句对白互相呼应。另外用了加磁性拾音器的电吉他，出来的不是传统声音，而是电音。

○ 这部电影的调性跟之前两部不同……

● 多了很多嘲讽，也多了很多悲剧性。有集中营、酷刑，且更具戏剧性。片子里还有炸桥的情节。

○ 你跟克林特·伊斯特伍德（Clint Eastwood）有往来吗？

● 很少，但我想我们算得上是朋友。他颁奥斯卡终身成就奖给我的时候，我很感动；更叫我感动的是，他没有受邀，却主动来参加典礼前一晚意大利文化中心为我举办的晚宴。

○ 克林特·伊斯特伍德有没有介绍其他电影找你配乐？

● 经常，但为了尊重莱昂内，我每次都拒绝。我跟他合作的唯一一部是唐·西格尔（Don Siegel）执导的《烈女镖客》（*Two Mules for Sister Sara*, 1970），我故意做出风格截然不同的音乐，也是西部片从来没有过的配乐：把管弦乐团当风笛用。

○ 跟唐·西格尔合作的经验如何？

● 他绝对是一流的导演，人也很好，不过话很少，好像不管给他什么都好。但我比较需要刺激和比较，我不怕别人指正。

○ 有很多导演跟唐·西格尔的态度一样吗？

● 我现在想到的导演是帕斯夸莱·费斯塔·坎帕尼莱（Pasquale Festa Campanile），他连录音都不来，什么都好。他找我帮他的电视电影《盗贼》（*Il ladrone*）写配乐，是从一个因为偷窃而被钉上十字架的小偷的角度来叙述基督的故事。他不来录音室，我认为很失礼，也显示出他专业不足。坎帕尼莱后来再找我配乐，我就说除非他答应录音的时候会出现，否则我不会接受。他说好，但之后他就病重过世了。

○ 他是怎样的人？

● 人很友善，永远都在谈恋爱。我记得他老是打电话，跟某个女人情话绵绵的。

○ 我们回来谈《黄金三镖客》吧。

● 最后三人决斗的那场戏，莱昂内说叫做"三对决"，他建议用八音盒效果的配乐。我们在《黄昏双镖客》已经用过，这次做得更精致。莱昂内希望把那场戏从戏剧性拉到悲剧性的层次。

○ 那部电影再度造成轰动。

● 超级轰动，在全世界都如此，而且那是第一次有部分影评人开始认真看待莱昂内的电影作品。很可惜只有部分影评人这么做，大家没有眼光。

创作瓶颈

○ 之后是《西部往事》。

● 很美的一部电影，是莱昂内跟另外两位我后来长期合作的导演共同编剧的，他们是贝托鲁奇和阿基多。我记得当时的问题很严重。

○ 怎么说？

● 我折腾了很久都写不出那部电影的配乐。想到的都不满意。莱昂内没跟我说，就偷偷联络了特罗瓦约利，有一个星期天还瞒着我跑去试录。过了很久我才晓得这事儿，是抄写员萨罗内告诉我的，我非常难过。幸好莱昂内对他的作品不满意，放弃了试录的带子。我质问莱昂内的时候，他说："可是你那时候写不出来啊……"他还把错推给制片比诺·奇科尼亚（Bino Cicogna）。我也不太能谅解托瓦右利，他对这件事处理失当。

○ 你自己有没有遇过类似的状况？

● 很多次，但我不会轻易接下跟某个导演固定合作的音乐家的位子。只有一次我取代了与路易吉·科门奇尼（Luigi Comencini）长期合作的一位音乐家——菲奥伦佐·卡尔皮（Fiorenzo Carpi）。因为科门奇尼向我保证，说他习惯合作的卡尔皮不会接这部电影。但我还是先打了电话给卡尔皮，然后才答应科门奇尼。

○ 你怎么看卡尔皮？

● 很优秀的音乐家，人也非常好。除了他跟科门奇尼合作的电影外，他跟剧场导演乔治·斯特雷勒[3]合作的作品也很重要。

○ 托瓦右利事件后，你再回来接手的情况如何？

● 奇科尼亚一听就很喜欢，莱昂内也是。电影还没开拍，就先进录音室录音了。很多场戏是为了配合音乐而拍的，例如镜头在火车站拉高的那一幕。

○ 这次对配乐的要求是什么？

● 莱昂内把每场戏都说给我听，包括每个镜头的细节。我等于是先睹为快，看完了整部电影。

○ 莱昂内用外国演员和意大利演员夹杂饰演美国人的角色，你有什么看法？

● 对我而言不是问题，更何况他很懂得教戏。

○ 这部电影的配乐有什么不同于以往的地方？

● 非常罗曼蒂克，而且没有铁砧、没有动物叫声、没有小号，也没有吉他，但是有口琴在片中扮演十分重要的角色。因为这个乐器，让悲剧故事得到缓和。我那时候只想了几个简单的音符，想要让那个角色借由口琴为自己辩驳。

○ 主旋律的灵感是怎么来的？

● 是在八个小节里面有四个六度音程的一首练习曲。很多人对那段浪漫旋律怀抱着期待，听到这个解释都很失望。听到我说那是一首练习曲就更失望了。这个主题很值得进一步思考：调性音乐中的所有搭配组合几乎都用完了，数百年来，作曲家几乎已经尝试过所有可能的序列。我努力想找到新的参数，就算是为了自己开心也好。我觉得探索是必要的，因为这个专业终归是要为导演服务的。我会尽量避免创意陷入死胡同里。

○ 除了第一部电影外，其他几部都是在开拍前就做好配乐了吗？

● 对，最近跟托纳托雷也是如此。老实说，托纳托雷比较有音乐素养，有时候他会介入修改，而且表现不俗。不过，不管是莱昂内或托纳托雷，时间久了，他们两个都有长足的进步。

○ 那时候你已经成名了，会有很多其他的邀约吗？

● 会，莱昂内并不介意。

○ 你当年都在哪里录音？

● 在罗马配音公司[4]、国际配音公司和RCA[5]唱片公司。那里的录音室质量优良，不过已今不如昔。这些年我都在Forum录音，配合的工程师是法比奥·文图里（Fabio Venturi），这个地方很不错。

《革命往事》与《美国往事》

○ 之后的电影是《革命往事》。

● 这部片不是开拍前完成配乐的,莱昂内边拍我边写。它说的是西部故事进入尾声了,或者应该说是莱昂内的传统西部电影准备落幕了。所以我想要不一样的感觉,虽然主题仍然是走浪漫情怀的。

○ 莱昂内有什么特别要求吗?

● 我特别记得抢银行那场戏,他建议我用进行曲,后来他把那段配乐取名为《乞丐进行曲》(*La marcia degli accattoni*)。他那段时间常跟我一起创作,也很依赖他太太卡拉,因为卡拉是学舞蹈的,也懂音乐。她对音乐有很棒的直觉,对我的帮助也很大,她说话很直接,是属于女性的直率。

○ 你觉得《革命往事》如何?

● 很美,又是一大进步。这部片表达了一种政治态度,不只是因为里面讲到了毛泽东。我写了一个我个人非常喜欢的主旋律,但没有人记得。标题是《梅萨维德》(*Mesa Verde*)。

○ 莱昂内也是重要的电影制片。

● 莱昂内当制片的时候,我也跟他合作过。他当制片时什么都要管,包括剪接。有时候他还负责第二剧组的拍摄。但有一次他让我很不愉快。

○ 怎么回事?

● 在拍《一个天才、两个朋友和一个傻子》(*A Genius, Two*

Friends, and an Idiot, 1975）的时候，导演达米亚诺·达米亚尼（Damiano Damiani）跟我一起算好了所有配乐的长度，莱昂内检查之后说"全都算错了"，他要我补了很多配乐，就连配乐该进来的时间也都改了。达米亚尼很难过。

○ 莱昂内还对其他导演这么做过吗？

● 方法不一样，但他还是会说他的想法，不过比较客气。例如卡洛·韦尔多内（Carlo Verdone），莱昂内是他最早两部电影的制片，也是托尼诺·瓦莱里（Tonino Valerii）所拍电影《无名小子》（Lonesome Gun, 1973）的制片，但我没办法说他那时候算不算独裁。跟蒙塔尔多合作电影《危险玩具》（Il giocattolo, 1979）、跟科门奇尼合作《猫》（Il gatto, 1977）的时候好很多。

○ 《革命往事》跟《美国往事》之间隔了十三年。
● 你觉得他最后拍的《美国往事》怎么样？

○ 我认为那是他最好的作品。
● 我也这么认为。那部电影工程浩大，光看编剧人数就知道。电影连个影子都还没有的时候，我就开始写配乐了，我之前跟你说过，我本来就有那首曲子，就是后来的《黛博拉之歌》。老实说，我不记得是不是已经跟你说过了。

○ 《美国往事》如今是经典电影，但是当年上映的时候，在欧洲一片赞美之声，在美国却惨遭滑铁卢。
● 制片被电影长度和叙事结构吓到，所以按故事的时间顺序重新剪接，我们大家都反对，但没有用。结果很惨，但已经来不及了。

○ 这是莱昂内第一部非西部片……

● 莱昂内跟我说:"我不要不和谐音。"我有一段音乐用了不和谐音,但是并不煽情,那场戏是一个人躺在车库地上,一群黑帮往他身上倒汽油,打算烧死他。莱昂内叫我把那段音乐拿掉。

○ 你最喜欢哪场戏?

● 片尾两个男主角对峙的那场。还有片子开头好几场小孩子的戏。

○ 你看莱昂内在那些年改变了多少?

● 比你想象中的少。他始终是那么谨慎、精确、笑看人生。他常跟剪接师巴拉利(Baragli)争论,但从来不会摆高姿态。他知道自己拍了很伟大的电影,也很遗憾评论没能给予应有的评价。同样的不理解其实也会表现在电影工作人员的态度上。尤其是20世纪六七十年代的电影非常意识形态化,真正的自由创作常被归类为次级作品。我还记得就连莱昂内的风格也饱受攻击,有些说法今天听起来真的很荒谬:"莱昂内疯了吗?全部都是特写……"但我们想想看后来有多少人模仿他,他不仅影响了当年的电影,现在的电影也持续受到他的影响。

○ 其中有一场戏很有名,配乐是西班牙民谣《虞美人》(*Amapola*)。

● 那在剧本里是预设的配乐,因为需要一首当年的名曲。我只负责指挥乐团演奏。就跟披头士的《昨日》(*Yesterday*)一样,是为了制造一种时间距离感。

○ 《美国往事》之后,莱昂内开始着手筹备《阿尔及尔之战》。

● 我一直觉得他心里有数,这部片子拍不成。

○ 怎么说？

● 或许他有预感，也或许单纯因为他意识到自己的体力不如从前，以及拍这类电影的困难度太高。

○ 他跟你说什么？

● 他跟我聊到肖斯塔科维奇（Shostakovich）的交响乐。他想要在电影开头让大家看到一个完整的乐团，然后战事进行的过程中，乐团成员也开始有了伤亡。但他避免跟我谈我要做怎样的音乐，或许是因为他心里知道没有这个必要。

莱昂内之死

○ 你是如何得知他的死讯的？

● 一大早他们把我们叫醒，说他因为心肌梗塞走了。我伤心欲绝。我们到莱昂内家后，看到他躺在床上，没了气息，手上还握着一串《玫瑰经》念珠。他的孙子卢卡是医师，跟我说莱昂内知道自己有心脏病，他们建议他做心脏移植，但是他拒绝了，因为担心自己得坐轮椅。他既然拒绝，就很清楚自己被判了死刑。

莫里康内在叙述老朋友过世的事情时，我想起了我在莱昂内过世两年前，因为拍一部犹太文化纪录片认识了他。我们从那时候开始一直保持联络，有一次他还送了我一张很美的照片，是罗伯特·德尼罗（Robert De Niro）在《美国往事》中的剧照，到现在还摆在我办公室里。

○ 莱昂内过世的时候，我参加了他的丧礼。我记得你上台讲话，最后你说你花了全部心力研究声音，但今天"只有深刻的静默"。然后他们就开始演奏你的作品。

● 那是另一个伤痛的回忆。我心情太乱,没说几句话。我找不到恰当的文字。

○ 你得知那个消息的时候,心里想的是什么?
● 走了一个好朋友,走了一个伟大的导演,而他还没有得到应有的肯定。

我们就此打住。得约下一次碰面的时间,我建议等罗马电影节结束和他从洛杉矶回来之后再联络。"我很可能不去了。"他跟我说。
我很意外。

○ 怎么了?
● 以前发生过不愉快,也有可能再度发生。

○ 怎么说?
● 我要求预付酬劳,到现在为止都还没收到。

他看了一眼手表。

● 现在是晚上七点。你或许会觉得意外,但我有我的理由。如果你有时间,我就告诉你一个故事。

我又拿出笔记本。

● 很多年前,我受邀到巴黎跟米歇尔·勒格朗(Michel Legrand)、乔治·德勒吕（Georges Delerue）一起办音乐会。这是很有企图也很有规模的一场音乐会，所以我答应了。

我在三个月前就说明我的条件：预付酬劳。你知道，音乐表演一旦结束就只留存在记忆里，如果合约未被履行，不像出版或绘画还可以当做证物。

我点头表示同意，对这个故事很好奇。

● 我跟太太以及经纪人恩里科·德·梅利斯（Enrico De Melis）到达巴黎，发现自己和我带去的女歌手多萝西·多罗（Dorothy Dorow）都没有收到汇款。我把主办人找来，他说："您要有点耐心。"我回答说，我到音乐会当天，也就是明天下午两点之前都会有耐心，没有收到钱的话，我是不会上台的。

我太太跟几年前过世的可怜的德·梅利斯都对我的态度很不以为然，他们毫不留情地责怪我说："你好没礼貌。"还说了其他东西。我不肯退让，结果第二天我跟多罗都收到了汇款。音乐会非常成功。

我完全忘了这件事，过了几个月之后，我才知道勒格朗、德勒吕和整个管弦乐团都没收到钱。到现在我还会拿这个故事提醒我太太。从那时候开始，合约没有得到履行之前，我绝不登台。

莫里康内一如先前送我到门口，再看了一次手表，七点二十分。

注 释

1. 指美国无线电公司（Radio Corporation of America，简称 RCA）的意大利分公司 RCA Italiana。
2. 《美国往事》的意大利文片名是"C'era una volta in America"（直译：很久以前，在美国），《西部往事》的意大利文片名是"C'era una volta il West"（直译：很久以前，在西部）。"C'era una volta"通常用在童话故事的开头"很久很久以前……"。
3. 乔治·斯特雷勒（Giorgio Strehler, 1921—1997），意大利剧场导演，米兰小剧场（Teatro Piccolo di Milano）创办人之一，1990年创办欧洲剧场联盟（Unione dei Teatri d'Europa），以期推动欧洲剧场文化及人才之交流。
4. 罗马配音公司（Fono Roma），1931年成立，是意大利第一间专业配音公司。
5. RCA，美国无线电公司的简称。

05 《阿隆桑芳》：
从塔维亚尼兄弟到昆汀·塔伦蒂诺

莫里康内：塔伦蒂诺看了很多电影，然后用独特的戏谑方式把他看到的东西再拿出来运用。《无耻混蛋》里还有我帮导演索利玛写的配乐，真不知道他是去哪里找出来的。

足球与国际象棋/政治理念/为悬疑电影配乐/与贝多利的合作/音乐实验/与外国导演合作/流行歌曲

2009 年 10 月 27 日，星期二

莫里康内没有出发去洛杉矶，要求在我离开前再碰一次面。

前几天都在下雨，不过今天倒是十分宜人的秋天气候。

梅丽尔·斯特里普之夜十分顺利。我见识到这位了不起的女演员的独特魅力、令人难以置信的专业态度（她可以叫出电影节活动中最小咖的工作人员的名字），还有她细腻的柔情满怀：一走进由她担任荣誉嘉宾的闭幕晚宴会场科罗纳宫，看到美轮美奂的布置，她就跟我说，"真希望我母亲能看到此刻的我。"

我本来想把这件事说给莫里康内听，他似乎对这位电影巨星有些好奇。结果今天一开始就走到另一个方向去了。我在去莫里康内家之前，跟一位我很尊敬的意大利记者阿尔多·卡祖洛（Aldo Cazzullo）见面喝咖啡。

他对我进行的这本访谈录很好奇，说两年前采访莫里康内的时候，他第一次谈到政治，还说在拉瑟拉路（Via Rasella）事件[1]发生当天，他距离现场仅有数百米远。

我很内疚，居然没看到这则访问，我问卡祖洛能不能提供给我这份访问稿。感觉得出来他心里正在想："这家伙准备得不够充分……"

但卡祖洛什么都没说，陪我走到莫里康内家，我们途中经过了犹

太区，沿路都在聊政治。贝尔萨尼（Bersani）刚赢得民主党[2]党内选举，成为该党秘书长，据说鲁泰利（Rutelli）会退出民主党，是因为该党太过左倾。

开门迎接我的是一位穿着制服的女佣，非常客气，这回换她问我要不要咖啡。我照例婉谢后，莫里康内出现，说他感冒了，并替太太无法接待而致歉，因为玛丽亚发高烧，必须卧床休息。

我简单跟他说了一点梅丽尔·斯特里普的事，然后出其不意地请他跟我聊聊罗马队的事。他是这么说的："我的心情是爱之深责之切。"

"但这只限于星期日比赛当晚！"他说："我不是那种会一整个星期都伤心欲绝、痛责裁判不公的人。"

足球与国际象棋

○ 罗马队球迷以爱抱怨闻名。

● 当然裁判会犯错，但也有态度问题，有时候会不自觉地偏袒比较强的队伍。在有疑问的时候，裁判会处罚排名中间的队伍而非争取冠军的队伍。例如米兰队如果失掉两三个积分，绝对比根本没有希望夺冠的队伍失掉积分的伤害更大，这是可以理解的。

○ 你从什么时候开始迷足球？

● 我从小就迷足球。但老实说，我刚开始支持的是拉齐奥队，父亲则支持罗马队。有一天，他跟我说："你不觉得这样很丢脸吗？"我当时只有九岁，他那一句话就让我改变了信仰。后来他带我去迪斯达奥球场（Campo Testaccio）看生平第一场罗马队的比赛，对手是尤文图斯队。我记得我们坐在最便宜的座位区，就在球门后面，看得很吃力，我虽然不是很懂，但依然很开心。那场比赛结果不错，罗马队以一比零打败了尤文图斯队。

○ 现在的罗马队如何？
● 表现不错，缺一个真正的中锋。

○ 你有特别喜欢的罗马队球员吗？
● 罗西（Losi）、阿马代伊（Amadei）、法尔考（Falcáo）、巴蒂斯图塔（Batistuta）和托蒂（Totti）。希望没有漏掉太多。

○ 你的孩子也爱看足球吗？
● 很爱，而且他们不需要我提醒小心丢脸的事情。太太以前也很爱，从她跟我在一起开始，去足球场都会倾全力加油。每次罗马队进球她都会跳起来，还拉着我一起跳。我们家只有女儿对足球没兴趣。

○ 罗马队有没有请你为他们写过歌？
● 带领罗马队第二次拿到意甲联赛冠军的主席维奥拉（Viola）的儿子请我写一首队歌，我回答说罗马队已经有两首队歌了，我很爱文迪蒂（Venditti）写的《感谢罗马》（*Grazie Roma*）。

○ 你的另外一个兴趣是国际象棋。
● 我的棋艺还算不错，可惜很少练习。我确实热爱国际象棋，家里到处都是专业杂志。不过它需要持续练习，而我做不到。发现"车轮战"[3]这种玩法其实有害无益，因为我越来越少练习，下棋速度也越来越快。

○ 你最欣赏的棋王是哪几位？

● 博比·费希尔⁴，他是最勇敢也最天才型的棋手。我记得他赢了棋王鲍里斯·史巴斯基（Boris Spassky）两局后突然宣布弃权，之后又展开犀利攻势，最后获得大胜。还有其他棋王，例如卡尔波夫（Karpov）和卡斯帕罗夫（Kasparov）。

○ 你觉得国际象棋跟音乐有关联吗？

● 当然有，我不会是第一个这么说的人。通常国际象棋手都有语言和数学天分，这是陶陶伊（Tatai）跟我说的，他原籍匈牙利，多次赢得意大利国际象棋冠军，我跟他学过下棋。

○ 孩子也跟你一样喜爱国际象棋吗？

● 安德烈亚下得不错，我们两个常比赛。

○ 谁赢？

● 我们两个级别差不多。乔瓦尼也越来越强，尤其是在他去美国之后。

政治理念

○ 你不介意的话，我之后会再回头谈国际象棋。据说你曾经跟棋王对弈，而且成绩斐然……

我希望能深入谈关于国际象棋和音乐的事，但今天我想了解他的政治理念。我告诉他，我跟卡祖洛碰面，卡祖洛跟我说了拉瑟拉路的事。

● 我碰巧经过附近，在总理官邸旁边。我听到很大的爆炸声，人群慌张害怕的神情我记得很清楚，仿佛是今天发生的事情。其中还有一位神父，叫保罗·佩戈拉罗（Paolo Pegoraro）。

○ 为什么特别记得他？

● 因为他的表情看起来早就知情，或者他根本就参与了那次攻击事件，当然我们最多只能说他涉有嫌疑。他的脸很白，人很瘦，个性很严谨，立场很明显倾向游击队反纳粹。他用颤抖的声音讲了一番话，类似政治演讲，不过我觉得他也不清楚刚刚发生的事件造成了多少伤亡。

○ 你对佛塞·阿尔德丁坑屠杀[5]有什么想法？

● 当时我并不知道这件事。

○ 当时你的政治立场是什么？

● 很多变。那时候我很年轻，但我记得投票否决君主立宪制[6]的时候还哭了，那是对国王和我们意大利复兴运动[7]的一种奇怪的不舍。

○ 你年轻的时候是法西斯[8]吗？

● 不是。事实上，我常跟父亲起冲突，他对法西斯有好感。我们还有过激烈争吵，结果就像我跟你说的，君主立宪制结束时我还哭了。可见前后一致不算是我的强项。

我还记得另外一件事，而且印象深刻，是二次世界大战期间的事，我要说给你听。我母亲的兄弟开了一间木材工厂，他们的生活很艰苦，常常没有东西吃。我记得他们让我骑舅舅的三轮摩托车，载好几大袋的木屑去面包坊换面包。那面包真是难吃，有胶的味道，还会黏在手上。但那是我们唯一的食物。我那时候在舅舅的木材工厂里当童工，我永远不会忘记我是从那样的环境、那样的贫穷中活过来的。

○ 可以聊聊你的政治理念吗？

● 我一直是左派，虽然是温和左派。我跟你说过我是天主教徒，我相信主要奉行基督说的话的就是左派，我指的是对穷人、弱势群体的关怀。我坚决相信这种悲天悯人情怀的价值，基督说的话总能让我感动。

○ 你投票给哪个政党？

● 社会党。我很钦佩克拉克西（Craxi），不过意大利最伟大的政治家是加斯贝利[9]。他对我们大家都有恩，是他解救了意大利，也提升了意大利的地位。他去美国访问时做的演讲非常精彩，也很感人。

○ 你在20世纪80年代为天主教民主党写了一首党歌。

● 是西尔维娅·科斯塔（Silvia Costa）委托我写的，她是一位聪明又能干的女性。她跟费迪南多·卡西尼（Ferdinando Casini）一起来我家找我。我记得我把曲子交出去的时候，大家对管弦乐团太大声、会听不见歌词唱什么有过一番讨论。我到基督广场上的党办公室去说服他们，说如果管弦乐团的声音太小，听起来会不够气派。

○ 今天的政治人物中，有你欣赏的吗？

● 韦尔特罗尼（Veltroni）和鲁泰利，我是他们的朋友。还有昨天刚当选民主党秘书长的贝尔萨尼。说到鲁泰利，我记得有一次他把他的竞选政策传真给我，说如果我赞同的话就签个名。我觉得政策写得很好，没有理由不签名。我很认真地签了名，没想到自己居然变成了党内初选的候选人。我打电话给罗马市文化局局长詹尼·博尔尼亚

（Gianni Borgna），他跟我说女作家马拉伊尼（Maraini）也遇到了同样的状况，但已经来不及拿掉我的名字了。结果我得到了不少票数，虽然我并没有真的参选过。

为悬疑电影配乐

○ 我早就想问你一个问题，今天我觉得自己准备好了。你对几个星期前被逮捕的罗曼·波兰斯基有什么想法？

● 我觉得那是多年前很严重的一件事。我没有特别的看法，只能说想到他要去坐牢让我很难过，我没办法忘记他一生中遭受过的种种磨难：他的家人在纳粹集中营被杀，太太莎伦·塔特（Sharon Tate）在怀孕八个月时遭到杀害。我再说一次，如果事情真是大家说的那样，那真的很糟糕，但或许，今天七十多岁的波兰斯基跟以前不一样了。如果我没记错，当年的小女孩如今长大成人，已经原谅他了。

○ 你跟他谈过这件事吗？

● 没有，从没谈过。

○ 你对他这个人，以及他作为导演有什么看法？

● 他是一个绝顶聪明、很大方、正派、可爱的人，也是一个优异的导演。还有，他也是一个伟大的演员。我看过他在舞台上演卡夫卡的《变形记》，让我永生难忘。他在托纳托雷的《幽国车站》（*A Pure Formality*，1994）中表现得非常精彩。

○ 谈谈你跟他在电影《惊狂记》（*Frantic*，1988）中的合作吧。

● 我觉得很好，我做了一个音乐实验。以和谐音为背景，我玩了很多可以同时间一起听的不同东西。我也在《教会》做了同样的实验，不过更明显。在《惊狂记》中的实验，只有音乐家和专家才听得出来。

○ 他怎么联络上你的？

● 我不记得了，只记得他让我看了电影。那是一部悬疑片，男女主角分别是哈里森·福特（Harrison Ford）和艾玛纽尔·塞尼耶（Emmanuelle Seigner），后来塞尼耶嫁给了波兰斯基。那部电影的配乐灵感是从画面来的，因为电影里还是有警匪元素。

○ 另一个也脱离不了悬疑氛围的导演是阿基多。

● 我们从一开始就合作愉快。他的《摧花手》（*Bird with the Glass Feathers*，1970）近乎完美，片中也有很多血腥暴力的戏。我在那部片做的实验是表情音乐，我觉得跟剧情画面很搭配。我在他的另外两部电影《九尾怪猫》（*Gatto a nove code, Il*，1971）和《灰天鹅绒上的四只苍蝇》（*4 mosche di velluto grigio*，1971）中维持同样的风格。

○ 你跟阿基多的私交如何？

● 我们是朋友，有一段时间往来非常频繁。我们住在附近，两家人也常往来。我们常一起去圆山吃比萨，记得他的女儿叫阿西娅（Asia）。

○ 突然间你们就不再合作了。

● 有一天，电影制片萨尔瓦托雷·阿基多（Salvatore Argento，也是导演的父亲）跟我说："你帮我们写的音乐都一样。"我回答说："你如果接着听，就会知道根本不一样。"但他应该没有把我说的话听进去。直到后来拍《司汤达综合征》（*The Stendhal Syndrome*，1996）和《幻影歌剧》（*The Phantom of the Opera*，1998）的时候才又来找我。

○ 这回阿基多的父亲说什么？
● 他过世了。

○ 我懂了……
● 总之，我在写了二十多部以结构音乐、即兴音乐、不和谐音乐和表情音乐为主的电影配乐后，我的音乐风格也改变了。有不同的人告诉我，而且是握有权力的人告诉我，如果继续走这条路的话，以后就没有人会再来找我了。

○ 你在那段时期做的电影配乐中，有哪些最喜欢的？
●《冷眼恐惧》(*Cold Eyes of Fear*，1971)、《莎拉的最后一个男人》（*Sarah's Last Man*，1972），其中我最喜欢贝多利的《乡间僻静处》（*A Quiet Place in the Country*，1968），百分之五十的音乐都是原创的，另外百分之五十则由新和音即兴乐团演出，我也参与了演出。

与贝多利的合作

○ 谈谈贝多利。
● 他是我的好朋友，我非常怀念他。他开过一个玩笑，给我上了很重要的一课。

○ 什么玩笑？
● 他邀请我去看混音中的《对一个不容怀疑的公民的调查》试片，我帮这部片写的配乐后来非常有名，但他让我看的却是配上其他音乐的版本。曲子虽然还是我写的，可是跟这部片毫无关系。

○ 哪一首曲子？

● 是我帮一部名叫《追杀黑帮老大》（*Comandamenti per un gangster*, 1968）的电影写的配乐。我简直不敢相信，非常难过，因为我对他做的这个决定完全没有心理准备。我觉得他是为了不让我觉得丢脸，所以还是用我写的作品。他用这个方法以避免伤害我的自尊心，但我还是受伤了。

我记得看到女主角被杀的那一幕时，他一直说："你看，是不是搭得很好？"那十分钟对我而言是一种折磨，试片结束后灯亮了，贝多利用罗马方言跟我说："莫里康内，你怎么老是上当？你写了有史以来最美的音乐，我跟你开这样的玩笑，你应该甩我两个耳光的。"

莫里康内停顿了一会儿。他眼中闪着泪光，忍住激动情绪继续说。

● 那是很重要的一堂课。我明白了为什么导演才是电影的主人，而我们音乐家是为他服务的。幸好我是在他选择了正确音乐的时候搞懂的……

○ 你喜欢他所有的电影作品吗？

● 有的很喜欢，有的普通。我最喜欢的是《乡间僻静处》。只要我有机会，就会推荐或讲给其他人听。我们合作那部电影的时候，再度证明了贝多利是个幽默又谦逊的人，他会听大家说的话。他有自己的想法，但是很愿意聆听。

○ 他从来没有特别要求你做什么音乐吗？

● 在做他的最后一部电影《好消息》（*The Good News*，1979）时，他提了一个奇怪的要求：用舒伯特的遗作《降f小调奏鸣曲》做变奏。我没有说什么，写完就录音了。有一次我们在电影剪接机上看配好音乐的片段，剪接师鲁杰罗·马斯特罗扬尼（Ruggero Mastroianni）用更夸张的罗马方言说："莫里康内，这样一点都不好笑啦！"后来那段音乐就不见了，而片子依旧悲情，那片名其实是反讽，根本就全是坏消息。

○ 《对一个不容怀疑的公民的调查》的音乐是怎么来的？

● 老实告诉你，其实我最初写的几个主题没有被接受。我想要的是一种民谣，以片中的西西里警官为蓝图，爱说大话，杀人不眨眼，完全反映腐败的权力。所以我刻意写了很简单的旋律，用曼陀林琴、走调的钢琴和口簧琴演奏，我希望营造出一种悲怆荒诞的氛围。电影很成功，还赢得了奥斯卡最佳外语片奖。贝多利那段时间还搬到法国住，他很担心大家的反应。

○ 接下来那部电影《工人阶级上天堂》（*Lulu the Tool*，1971）的主题曲也很类似。

● 那部片的编剧乌戈·皮罗（Ugo Pirro）跟我说："你怎么写一样的东西……"事实上，我是用类似的音阶手法，试图在两部片之间找到理念的联接点。

莫里康内坐到钢琴前，弹奏两部电影的主题曲。两者明显非常相似，但听得出来第二首努力做了一些演化。

○ 对了，埃尼奥，你到底替多少部电影写过配乐？

● 我不是很清楚。有人说五百部，如果把电视剧也算进去的话。我想应该比那个数字少一点，大概四百五十部左右。

○ 贝多利有一段时间很受影评肯定，但之后却被弃之不顾，甚至被取笑或蔑视。

● 我跟你说，我很少看影评。贝多利因为你说的这事很痛苦，我认为这对他非常不公平。他是很有才能的导演，有时候也表现得十分优异。

○ 他教了你什么？

● 他也是十分重视细节跟专业度的电影人。还有，我要再说一次，他对我开的那个玩笑让我永远铭记于心：难得我能那么清楚地理解到音乐家是应该接受导演客观评断的，因为导演才是掌管一部电影艺术性的唯一主人。如果导演认为那错误的音乐才适合他的电影，我应该做好准备去接受它。虽然很痛苦……

音乐实验

○ 制片对你做的那些音乐实验有什么反应？你跟贝多利合作的时候，也做过实验吗？

● 有，在我们合作《托多·莫多》（*Todo modo*，1976）的时候，不过那次的实验结果不算很成功。我写的曲子是用五支巴松管和两支低音巴松管演奏的，音乐非常怪诞。乐评家米切利是很棒的音乐学家，说那曲子"绕来绕去"。那是个有趣的实验，但我可能太夸张了，音乐听起来太过暴力、太过嘲弄……后来我写了一首室内乐叫《第二图腾》（*Totem Secondo*），也用了同样的概念。

无论是贝多利或其他导演，一般来说都很信任我。我记得《托多·莫多》的制片达妮埃莱·塞纳托雷（Daniele Senatore）原本想找美国爵士贝斯手兼作曲家查尔斯·明格斯（Charles Mingus）写配乐，但是听过他试写的片段后就放弃了。然后，贝多利操着他的罗马方言说："算了啦，还是交给莫里康内吧。"

○ 还有其他实验之作是失败的吗？

● 贝洛基奥（Bellocchio）的《中国已近》（*China Is Near*，1967）。我们合作了《怒不可遏》（*Fists in the Pocket*，1965），当他跟我说到下一部电影的时候，我没搞清楚是怎么回事，就写了一首片头曲，是用人声把片名"中国已近"几个字拆解重置唱出来，企图制造一种荒谬失序的效果。贝洛基奥看着我，觉得我是神经病。后来我全部重写，但从此之后他再也没有找过我了。

○ 《怒不可遏》的音乐理念是什么？

● 是从片中小男孩的声音开始发想的，结果很有趣。那次合作很愉快，包括跟那部片子的剪接师阿格斯提（Silvano Agosti）也一样。

○ 这几天昆汀·塔伦蒂诺（Quentin Tarantino）的《无耻混蛋》（*Inglourious Basterds*，2009）上映了，片中用了很多你的音乐，但最让人印象深刻的是塔维亚尼兄弟电影《阿隆桑芳》（*Allonsanfan*，1974）的音乐，而且还跟塔维亚尼兄弟一样，是放在片尾。

● 塔伦蒂诺看了很多电影，然后用独特的戏谑方式把他看到的东西再拿出来运用。《无耻混蛋》里还有我帮导演塞尔吉奥·索利马（Sergio Sollima）写的配乐，真不知道他是去哪里找出来的。

○ 跟塔维亚尼兄弟合作的经历如何？

● 我很喜欢保罗（Paolo）跟维托里奥（Vittorio）两兄弟，也很尊敬他们。但老实说，我们在艺术这件事情上意见不一。

○ 怎么说？

● 他们来开会的时候，都已经想好他们要什么了，会说希望你写怎样的音乐。简单来说，对他们来说音乐家只不过是一个执行者。我刚才跟你说，我从贝多利那里学会了导演与音乐家之间的关系，但是在音乐创作上，作曲家必须保有全然的自由。这种合作方式，就算是莱昂内我也不会接受。他们找我写《阿隆桑芳》，我们开过几次会之后，我说："还是算了吧。"他们说："你就帮我们写一首民谣，给女主角劳拉·贝蒂（Laura Betti）唱吧。"后来我还写了今天塔伦蒂诺拿去用的那首片尾曲。我想结果应该还不错，他们应该很满意，虽然我还是对他们希望音乐家按照他们写在笔记本里的方法做音乐这个态度觉得很痛苦。当然，那也是因为他们两兄弟的音乐素养高于平均值的关系。

○ 后来拍《草地》（*The Bloodstained Lawn*，1973）的时候情况如何？

● 好一点，但你别忘了，在那之前，他们拍《我父我主》（*Padre Padrone*，1977）的时候找了我朋友马基，他也是很优秀的音乐家。之后才又回来找我。刚开始我很排斥，但他们给我比较大的空间。话说回来，他们的建议我也会听。不过我记得在录音的时候，他们要求我改一个音，维托里奥尤其坚持，后来他们被我说服了。再后来这部片的原声带获得唱片音乐奖，从此我们一直维持很友善、彼此尊重的关系，但我们再也没有合作过了。

与外国导演合作

○ 国外的工作模式会跟国内很不一样吗？

● 当你的合作对象是重要导演的时候，差异很小。

○ 你的第一部外国片是哪一部？

● 亨利·韦纳伊的《双虎将大追踪》(*Guns for San Sebastian*，1968)。

○ 那也是你最喜欢的外国作品吗？

● 我喜欢的有很多，但最喜欢的应该还是马力克的《天堂之日》，他是非常棒的导演，我第一次入围奥斯卡奖也是因为他。

○ 你们怎么合作？

● 刚开始我们在口译的协助下用电话联络，他跟我解释电影，我提了十八个主题给他，他选了其中几个。后来我们为了计算时间而约见面时，我才发现他是个不折不扣的创意人兼诗人。我认为他是史上最伟大的导演之一。

○ 他对音乐有什么特别要求吗？

● 有一次他要求我用跟我原本设定不同的另一个乐器演奏，但他后来又改了回来，决定用原来的版本。我们从来没有争执过。有一次，他提议用一段日本音乐，我很意外，这说明他涉猎渊博，艺术创作自由度高。我很遗憾没能跟他合作《细细的红线》，当时发生了一点误会。

○ 可以谈谈吗？

● 我不想谈。跟马力克无关,我只能说,后来我换了经纪人。

○ 在你合作的所有重量级外国导演中,还有一个很特别的是西班牙导演阿尔莫多瓦(Almodóvar)。

● 是唱片公司联络我的,我飞去马德里找他。片子是《捆着我,绑着我》(*Tie Me Up! Tie Me Down!*,1990),意大利片名是"*Legami!*"。

○ 你对阿尔莫多瓦这位导演有什么看法?

● 他是很棒的创意人,他建构的世界很有个人风格,而且他呈现的手法十分熟练、独特。他的作品中,我最喜欢《濒临崩溃边缘的女人》(*Women on the Verge of a Nervous Breakdown*,1988)。

○ 你刚认识他的时候,对他的印象是什么?

● 他是个很开放的人,几乎立刻就能接受我提出的想法。

○ 你说这句话的语气,感觉这反而是个问题。

● 他来罗马录音的时候,什么话都不说,动也不动,就连脸上都没有半点表情。你知道的,我需要的是讨论,甚或批评都好,他那个态度反而让我敬而远之。他非常客气,但完全保持沉默。

○ 你有什么反应?

● 我那时候也没说什么,后来,过了一阵子之后,我在柏林遇到过他,那次我去领奖,主办单位也颁了一个奖给他。我对那天的记忆非常深刻。当时的意大利文化部部长梅兰德里(Melandri)英文说得很好,她致辞超过一个小时。我看到阿尔莫多瓦的时候,就把他拉到旁边说:"我觉得你好像不太喜欢我的配乐。"他一脸错愕:"怎么会?

我爱得要死。"我觉得他是诚恳的。后来的事也很有趣：轮到他上台领奖的时候，他用了英文致谢词。轮到我的时候，我说我要用意大利语致词，以表示对欧盟的尊重。掌声响了很久，后来再轮到阿尔莫多瓦上台的时候，他就改说西班牙语了。

○ 你自己对《捆着我，绑着我》的配乐评价如何？

● 我觉得其中《爱的主题曲》是我写过最好的作品之一。其中有一句很长，气很长，是我第一次这么尝试。我很满意，但不太适合在音乐会上演出。

流行歌曲

○ 你也谱写过或改编过大家耳熟能详的名曲，例如《盐巴的味道》（*Sapore di sale*）。

● 我并不排斥流行歌曲，也希望能写出自己觉得有趣的作品。《盐巴的味道》跟其他作品一样，我想要的是既能脱离旋律独立存在又能为旋律加分的编曲。

○ 你是不是跟创作歌手爱德华多·维亚内洛（Edoardo Vianello）所写的《日光浴》（*Abbronzatissima*）发生过原创上的争议？

● 没有争议。我帮萨尔切的《喜剧收场》写过一首歌叫《欧内拉，欧内拉》（*Ornella Ornella*），有同样的高低八度跳跃转换的歌声表现法。我认为《日光浴》一开始的灵感来自我那首歌。

○ 你写的许多歌曲中，我最喜欢的是《如果你打电话来》（*Se telefonando*）。我知道这么说一点都不稀奇，因为大家都爱这首歌。

● 我只能说，听到音乐家法兰克·法布里（Franco Fabbri）称赞这首歌是意大利战后最美的一首歌，我很高兴。

○ 你怎么想到那个旋律的？
● 跟太太在巴贝里尼路上排队付煤气费的时候……

○ 什么？这么美的歌是在那个情况下……
● 真的是这样。当然我已经构思好一阵子了，但最后的想法是那时候才确定的。我想要减少音符的变化，只要三个音符。《如果你打电话来》的特色是所有重音不会落在同一个音符上，三个音符会分别落在三句不同歌词的重音上。

莫里康内唱起了那首歌。看他唱得那么开心，而且全神贯注，可以想见他自己也认为那是成功之作。

○ 很多创作歌手都很仰慕你，不过或许其中最特别的是美国乡村歌手布鲁斯·斯普林斯汀（Bruce Springsteen）。
● 我也很敬佩他，我还替莱奥纳尔多·科洛曼提（Leonardo Colomati）为他撰写的一本书写了序。布鲁斯·斯普林斯汀充满了想象力、活力和勇气。

○ 你怎么认识他的？
● 是他唱片公司的代表苏珊·邓肯·史密斯（Susan Duncan Smith）带我去听他的演唱会时。我发现他的开场音乐是《西部往事》，非常感动。后来他还用电吉他演奏了这首曲子，收录在一张全部是我作品的专辑里。

○ 你觉得他是优秀的音乐人吗？

● 他的五弦琴、口琴和古典吉他都非常杰出。电吉他稍微弱一点。但他知道怎么玩声响，即便诉说的是悲伤的故事，也能把它变得很有趣。他懂得如何化重为轻，这是很了不起的天赋。还有，他的歌词也写得很棒。

我们今天的对谈到此结束。莫里康内照旧送我到门口。看到外面天气那么棒，我回头问他。

○ 罗马对你而言是什么？

● 是很幸运的城市，或许是世界上最美的城市。问题是罗马人被美景和历史宠坏了，有时候变得很盲目。但是身在罗马很难避免盲目之举。有一次，鲁泰利邀我去市政厅，那时候他还是罗马市长，他带我到面对罗马市集的露台上，我心想，世界上大概没有比那更美的奇景了。我记得自己当时目瞪口呆，只说了一句："我可以带我太太过来看吗？"

注 释

1. 1943年9月8日，德军占领意大利首都罗马，随即有多支反抗游击队组成，持续与德军武装冲突。拉瑟拉路事件是指1944年3月23日意大利游击队对位于罗马市中心拉瑟拉路上的德国纳粹占领军宪兵队发动攻击一事，它造成了德军的巨大损失。
2. 意大利民主党（Partito Democratico）成立于2007年10月14日，是意大利中间左派的联合政党，也是意大利目前最大的在野党。
3. 国际象棋车轮战是指一个专业高阶棋手同时间轮流与多人对弈。
4. 博比·费希尔（Bobby Fischer, 1943—2008），美国国际象棋手，1972年击败苏联的世界国际象棋冠军史巴斯基，夺下冠军头衔，是第一位美国籍国际象棋冠军。发明了费希尔任意制国际象棋，让棋手不再背诵复杂的开局步伐，单纯较量计算能力，是最受欢迎的国际象棋变体。
5. 德军于拉瑟拉路事件隔天（1944年3月24日）展开报复行动，订出每一名死亡德军要以十人抵命的比例，在佛塞·阿尔德丁（Fosse Ardeatine）坑枪杀三百三十五名罗马市民、军人，并用炸弹炸毁坑穴以掩埋尸体。
6. 罗马帝国后，意大利半岛呈现分裂状态，直至1861年才统一为意大利王国，行君主立宪制，另设总理一职管理国家之事。历经两次世界大战，意大利王国始终疲弱不振，引发民怨，1946年公民投票决定放弃君主立宪制，改行共和制。
7. 意大利复兴运动（risorgimento），指19世纪意大利半岛上各个国家兴起的民族主义运动，渴望摆脱列强瓜分统治现况成为一统国家的过程。
8. 意大利法西斯党的前身为1919年成立的反社会主义民间武力组织"战斗法西斯"（Fascio di combattimento），以罗马帝国的罗马执政官出巡时前导的束棒（fascio）为名，取其团结、服从单一权力的象征意义。因当时意大利的政治、经济皆积弱不振，法西斯反而受到老百姓的期待与肯定，之后势力逐渐扩张，领导人墨索里尼（Benito Mussolini, 1883—1945）于1921年成立法西斯政党，强迫国王艾曼纽三世任命他为总理，强调国家地位凌驾于个人之上，主张中央集权化、独裁者领导的专政政府，强力镇压反对势力。
9. 阿尔契德·加斯贝利（Alcide De Gasperi, 1881—1954），他于1942年创立意大利天主教民主党（Democrazia Cristiana），在1944年至1994年间皆为执政党，历任总理几乎都是天主教民主党人，为意大利政治史上最长寿的执政党。加斯贝利出任意大利改制共和后的第一任总理，被认为是意大利共和国之父。

06　《教会》："我只会毁了它"

莫里康内：我很震撼，也很感动，但我刚开始拒绝了邀约。我说，这样已经很美了，我只会毁了它。但是他们不放弃，贾尤其坚持。于是我开始找文献资料，读了一位耶稣会修士塞普写的书《巴拉圭传教经验》，并开始思考那个年代的音乐特色。

当兵岁月/为《教会》配乐

2010年1月18日，星期一

距离上一次碰面过了将近三个月，今天再来见莫里康内已是灰暗冬日。空气好潮湿，罗马感觉很忧伤。或许是因为星期一上午的关系吧。踏进我不再感到陌生的莫里康内家之前，我先在天主堂停了一下。我每次经过天主堂都会为它的美所感动，今天早上则有一种特别的悸动。我在最后一排跪下，开始读祈祷文。

前一晚，教宗本笃十六世造访犹太教堂。那是历史大事，我有幸在犹太拉比纽斯纳（Neusner）的陪同下参与全程，他是教宗在《拿撒勒的基督》（*Gesu di Nazareth*）一书中用很多篇幅谈到的那位犹太拉比。

莫里康内家离那间犹太教堂只有数百米远，我一进去就迫不及待问他有什么想法。今天他身穿开司米套头毛衣，灯心绒长裤，都是米色的。听了我的问题后微笑回答说："我想教宗想要消弭一切争端，想提升高度。我觉得他的演讲很好，也很重要。"

他如常问我要不要咖啡，在我如常拒绝后（因为飞行时差的关系，我已经喝了两杯了），他要我至少吃个牛轧糖。今天我才发现窗户对面墙的挂毯上有"Virgines Sabinae"这句话。他问我知不知道金球奖的结果。"我还不知道，我发了信息祝托纳托雷好运……"

可惜他没得奖，得奖的是奥地利导演迈克尔·哈内克（Michael

Haneke）的《白丝带》（*The White Ribbon*，2009）。

莫里康内的脸色略沉："很遗憾。"之后他坐下，问我："从哪里开始？"

当兵岁月

○ 聊聊当兵的事吧。

● 我想尽办法逃避兵役。那时候我已经在做编曲，开始赚钱了。我拖了四年才去当兵，原本分配的地方是库尼奥，但我要求转到锡耶纳去，因为作为一个音乐家，这样至少可以离齐基雅纳音乐学院（Accademia Chigiana）近一点，说不定还可以去读书。这当然是我自己在做白日梦，不过有一位军官很客气，也很通情达理，把一个原本分发到锡耶纳的士兵转到库尼奥去，所以我就去了我想去的城市。他们立刻把我分入军乐队，负责吹小号。

○ 你对那段时期有什么特别的记忆吗？

● 我第一个想到的是一个那不勒斯人，他人很好，但完全跟不上拍子，很像卓别林，他是负责指挥军乐队的上士。我还记得那时候的一些朋友，来自不同地方的人表现出来的态度都很不一样。

○ 什么意思？

● 相较于来自小乡镇的士兵的谦逊，那些来自大都会的士兵态度高傲、瞧不起人，让我很意外。家乡在阿布鲁佐、艾米利亚和威尼托的几个年轻人特别大方有礼，我跟一个叫路易吉·里盖蒂（Luigi Righetti）的年轻人立刻成了好朋友，他家在奇里尼亚哥，离威尼斯不远。一切都仿佛是昨天，他每天早晨喝的不是咖啡，而是酒，就他家乡的传统而言那是很稀松平常的事情。我们始终是好友，可惜他早逝，因为肝破裂，我想每天早晨喝一杯酒的习惯肯定加重了病情。我依然记得他的多礼和耐心，当兵放假的时候，他都会等我写信给我的未婚妻，也就是现在的太太玛丽亚。我写的信都很长，有时候一天会写六页。我还记得有两个来自阿布鲁佐的年轻人很贴心，知道我们比较讲究，觉得西红柿酱意大利面的味道残留在手上很讨厌，就主动帮我们洗灶台，而且完全没有任何利益交换。

○ 除了朋友之外，还有什么特别的记忆？

● 第一次练习射击，我头三次都错得很离谱。明明瞄准的是靶，但子弹都飞太高。我第三次射击又错的时候，来自西西里的一等兵莱安扎（Leanza）很严肃地看着我，认定我是故意捣乱，借此表示对兵役制度的不满。我花了好大工夫才让他明白，我的人生直到那一刻为止就只有音乐，虽然我在军乐队里，但从来没有开过枪。

结束为期两个月的受训后，我转赴罗马，那里的掷弹兵团第一连连长维托·詹努齐（Vito Giannuzzi）常常通融我，还让我回家睡觉。他很体谅我，只要求我帮军乐队改编古典乐作品。

○ 你的小儿子乔瓦尼跟我提到另外一件事，你从没跟我说过，他说你曾经目睹了一桩悲剧，事情发生在台伯河畔大道上，肇事的是一辆坦克车。

● 那一幕很恐怖，我这辈子都忘不了。我当时在家，面对窗外，台伯河畔大道当年叫做国王大道，街上全都是小型的意大利坦克车，前面的平台上载着伤员。

我家对面有一个男子站在一座小喷泉上，跟我一样看着眼前这幕景象。突然间有一辆小型装甲车冲了过来，我看到驾驶员比手画脚，但我不懂为什么。原来他想要告诉大家，装甲车刹车系统出了问题，他无法控制。一阵高速驰骋之后，装甲车撞上了小喷泉，撞倒了站在上面的男子。那一幕真是太恐怖了。

○ 可以谈谈你跟父亲、老师彼得拉西之间的关系吗？

● 为人子，总是会谈到父亲的。

○ 我们从老师彼得拉西开始吧。

● 我记得每次离开音乐学院后，陪他走回位于哲曼尼克大道184号的家，沿路有聊不完的天。我们聊音乐，聊对位法，也聊别的。他是一个非常严肃且严谨的人，会激励并帮助他重视且跟随他的学生，也会疏远那些不够认真的学生。这点我是从他身上学到的，我相信这个态度也同样影响了另外两个跟我一起毕业的优秀学生：阿尔多·克莱门蒂（Aldo Clementi）和鲍里斯·波雷纳（Boris Porena）。

○ 你父亲也十分严肃……

● 我跟他有一段时间冲突不断，但现在我对他有不同看法。他的不苟言笑是出于爱，同时也是为了让我们过更好的日子，所以不眠不休地工作。我们很少看到他，他则对我们孩子跟母亲之间的关系很吃醋。没错，他的做法有时候太莽撞，而且没有弹性，例如他坚持我去音乐学院上课要走同一条路，有一次他跟在我后面，发现我走了另外一条路，是近路，居然大发雷霆。他很担心我会交到坏朋友。你可能会觉得奇怪，但音乐学院里的确也有坏学生。我们学小号的，跟学大提琴的同班。有一次，有几个同学在大提琴里撒尿，把琴弄坏了。那实在很糟糕，完全是胡闹。我还记得利维奥·博尼（Livio Boni）老师的不解和心痛。我们跟他带的班轮流使用同一间教室。

为《教会》配乐

○ 我要问一个有点尴尬的问题。之前有一次我来你家,你弹了一段韦恩斯坦委托你为《九》作的曲子。我看了电影,但没有听到那首曲子。为什么?

● 这件事很讨厌。韦恩斯坦跟我说得很清楚,他要曲风跟《黛博拉之歌》及电影《西西里的美丽传说》(*Malèna*, 2000)一样的配乐。他来听的时候,还带了他的好朋友托纳托雷一起来,他们都对其中一首曲子很感兴趣,寄去给导演罗布·马歇尔(Rob Marshall),我并不认识他,他听了也很喜欢,请我另外写一个提琴版。我写好之后,我们两个对那部电影其实是费里尼电影《八部半》的音乐剧版这件事聊了很久。总之,《八部半》说的是一个导演陷入创作危机的故事。那次聊完之后,我就更投入,为片尾导演挣脱困境的那场戏写了一首新的曲子。没想到,这时候轮到马歇尔自己陷入创作危机了,他要求我再为其他戏写配乐,同时要我搬去洛杉矶。我当时不知道那段期间他们举办了一场小型试片,口碑并不好。我谢谢他的邀约,但婉拒了,很讶异之前都没有人跟我说过这件事。马歇尔很难过,但他坚持必须有人在身边跟他一起处理原来的音乐。后来他们找了安德烈亚·圭拉(Andrea Guerra)。

○ 你觉得结果如何?

● 我觉得片尾音乐不错,但导演陷入危机那段很普通。

○ 那部电影我并不喜欢,你觉得怎么样?

● 我太太也不喜欢。但我认为还是很有可看性,主角跟玛丽昂·歌迪亚(Marion Cotillard)饰演的妻子之间的关系,导演处理得很好。

最后这样我也觉得很遗憾。马歇尔说得对，问题出在一开始：创意部分不应该跟制片谈，应该跟导演谈。我参与了近五百部电影，都是直接跟导演谈的。但这一次是制片找我，我选择了一条不一样的路，结果只能自己负责。后来马歇尔写了一封信给我，说他很喜欢我作的曲，但他跟建议我那个曲风的制片看法并不一致。

○ 我们回头谈导演吧。可以聊聊德·帕尔玛吗？

● 他是个伟大的电影人。他拍《铁面无私》的时候来找我，冷酷的态度让我蛮感意外的。他总是板着脸，而且是臭脸，后来我才知道其实他是个很棒的人。他让我飞去纽约，他在那里选好了所有配乐，在筹备工作进入尾声的时候，他认为我少作了一首电影公司要求的曲子，以强调警察的胜利。我回到罗马后寄了三首曲子给他，他都不喜欢。我很难过，再写了三首，德·帕尔玛跟我说："我觉得不是很搭，但如果你坚持的话，我就用最后一首。"但我并不喜欢那首，我如实告诉他，不过我也累了，决定听他的。他是对的，那段音乐在大银幕上的效果很好，也让我再次体认到，我们的工作有时候还是留给外人来评断比较好。他后来又找了我三次，可惜我都没空。直到《火星任务》（*Mission to Mars*, 2000）我们才再度合作。

○ 但那部电影似乎不算成功……

● 或许吧，但我总是会爱上这些电影。我们一起工作的时候，他的响应总是很精简，让我以为他并不满意。我准备回罗马的那天晚上，他要求跟我碰面，虽然我的时间很紧迫，但我还是说好。他坚持要过来找我。他要口译把他说的话逐字逐句翻译给我听，他说："我没想到会有这么美的音乐，或许我不配。"他眼眶含泪，口译深受感动，我也一样。结果我们三个人像爱哭鬼那样泪眼汪汪的。我没想到像他那样的硬汉，会有这样的反应。

○ 你也给了另外一个导演很美的音乐，他是约菲。

● 他是很棒的导演，我常跟他合作，也常跟他吵架。做电影《教会》的配乐纯属意外，因为英国制片戴维·帕特南（David Putnam）坚持要找伯恩斯坦[1]，可是都没办法联络上他。这时候，另外一个制片费迪南德·贾（Fernando Gia）提了我的名字，帕特南心不甘情不愿地接受了，请我去看试片，还没有配音，完全无声。我很震撼，也很感动，但我刚开始拒绝了邀约。我说，这样已经很美了，我只会毁了它。但是他们不放弃，贾尤其坚持。于是我开始找文献资料，读了一位耶稣会修士塞普（Sepp）写的书《巴拉圭传教经验》（*Il Sacro Esperimento Del Paraguay*），并开始思考那个年代的音乐特色。

《教会》给了我三个限制。主角贾布利耶神父吹双簧管，而且他只能够吹符合1750年器乐音乐发展的旋律。第二个限制是，所有伟大的圣乐作曲家都遵循特伦托会议[2]的规定，所有人都以乔瓦尼·皮耶路易吉·达·帕莱斯特里纳[3]为依归。所以我写了一首经文歌[4]。

还有就是我得把印第安人这个元素考虑进来，以我手边的工具要做到这点并不容易，但我还是想出了一种节奏，而且不断重复。我觉得成功的地方是上面这三个元素可以独立表现，也可以彼此组合，例如 1+2、1+3、2+3。最后的成果让我觉得很开心，尤其是片尾三个不同的音乐合而为一同时出现的时候。我认为这是十分重要的技术成果，从心灵角度来看也很重要，毕竟那才是像《教会》这类电影所要传达的。三个音乐元素在最后一幕做了完美的结合，那场戏有一个小女孩从河里捡起了小提琴，站到船上，我们听到的是《光荣安魂曲》（*Requiem Glorioso*），贾用祈祷经文写下了标题《奉行在人间，如同在天上》（*Come In Cielo Così In Terra*）。我要强调贾的重要性，无论是他的为人或担任制片都很棒，只可惜英年早逝。

○ 那你跟帕特南的关系呢？
● 他很客气，拍片结束后还邀请我到他的乡间别墅去。不过，他后来做了一件事，让我很不高兴。

○ 什么事？
● 他邀我给《教会》改编的歌剧写曲，但是他说贾跟这件事情完全无关。我拒绝了。

○ 跟导演约菲后来继续合作的关系如何？
● 很好。我还跟他合作了《胖子与男孩》（*Fat Man and Little Boy*，1989）、《欢喜城》（*City of Joy*，1992）和《巴黎春梦》（*Vatel*，2000）三部电影。

○ 你为什么说跟他会吵架？
● 约菲给人的感觉是他很不信任音乐家，但我认识他久了之后，觉得他不信任的恐怕是自己。他是很优秀的导演，《巴黎春梦》的票房成绩并不好，但那是部很美的电影，我最喜欢的作品之一就是这部电影的配乐。

○ 你喜欢的电影有很多成绩不理想的吗？
● 太多了。除了《巴黎春梦》之外，还有我之前跟你说过的贝多利的《乡间僻静处》，还有维托里奥·德塞塔（Vittoria De Seta）的《半个男人》（*Almost a Man*，1966）。

○ 你跟德塞塔的关系如何？

● 他也是我很尊敬的导演，不过刚开始跟他合作的时候很不顺利。我同时帮他的《半个男人》和彭特克沃的《阿尔吉尔之战》做配乐，他有点嫉妒我跟吉洛·彭特克沃的关系，可想而知他不希望两部片都去参加威尼斯电影节。结果《阿尔吉尔之战》赢了金狮奖，也获得了影评的赞赏，而《半个男人》不但饱受不合理的负面批评，连导演也被攻击。其实那部电影拍得很好，美术指导始终耿耿于怀。那时候德塞塔有严重的神经衰弱问题，自然会反映在片子里。只有他太太才有办法安抚他。我的配乐用了不和谐音，在片尾的时候渐渐淡出。后来我们的关系变得比较轻松，几年前他还找我帮电影《撒哈拉沙漠的信（*Lettere dal Sahara*，2006）做配乐，但我拒绝了，很遗憾。

○ 除了贾，你敬重的其他制片还有谁？

● 阿尔贝托·格里马尔迪（Alberto Grimaldi），他总是跟我说：要给艺术家自由，不要找艺术家麻烦。

快接近中午了，不敢跟他说我因为时差而不舒服，我略带怯懦地说："你大概累了，我们今天就谈到这里吧。"他回答说："其实我一点都不累，不过没关系。"

他送我到门口，目送我下楼。

罗马灰蒙蒙的，记忆中好久没看过它这个模样了。

注　释

1. 莱昂纳德·伯恩斯坦（Leonard Bernstein，1918—1990），美国作曲家、钢琴家、乐团指挥。音乐剧《西区故事》（*West Side Story*）及同名电影配乐皆为他的作品。
2. 特伦托会议（The Council of Trent），罗马教廷于1545年至1563年间在意大利北方特伦托召开的会议，是天主教会的自我改革运动，以对抗马丁·路德宗教改革运动的冲击。音乐方面确立要回归原本的纯粹性，删去了所有花腔，也不得采用世俗歌曲，凸显格里离利圣歌（gregorian chant）的地位。以帕莱斯特里纳的作品最具代表性。
3. 乔瓦尼·皮耶路易吉·达·帕莱斯特里纳（Giovanni Pierluigi da Palestrina，1525—1594），意大利文艺复兴时期作曲家，作品以声乐、弥撒曲、牧歌为主。
4. 经文歌（mottetto），中世纪到文艺复兴时期的一种宗教音乐。可以是合唱曲，有无乐器伴奏皆可。

07 托纳托雷,挚友

莫里康内:他在工作上很重视混音的细节,他始终记得拍第一部电影时别人跟他说过的话:人的耳朵没办法同时听两种以上的信号,三种更是不可能。在混音的时候,他总是把这句话放在心里。

与托纳托雷的情谊/
有关托纳托雷的电影作品

2010 年 1 月 19 日，星期二

今天早晨太阳又露脸了，彷佛是春天。

飞行时差问题害我起床时很痛苦。我在基督广场上一家咖啡馆吃过早餐，就往莫里康内家走去，今天我早到了。一如往常谢绝了咖啡之后，聊了几句托纳托雷没拿到金球奖的事情（"很遗憾，他应得的。"）。我问他能不能让我用 iPhone 拍几张他的照片，然后我说，今天我想谈的正是托纳托雷。

与托纳托雷的情谊

○ 你是怎么认识他的？

● 说来有点奇怪。是之前跟我合作过的制片弗兰科·克里斯塔尔迪（Franco Cristaldi）打电话给我，说要拿一个剧本给我看，叫做《天堂电影院》，我跟他说我没空，因为我接了一部简·方达（Jane Fonda）当制片的电影配乐，片名是《烽火异乡情》（*Old Gringo*，1989），由她跟格利高里·派克（Gregory Peck）主演，导演是路易斯·普恩佐（Luis Puenzo），改编自墨西哥作家卡洛斯·富恩特斯·马西亚斯（Carlos Fuentes Macías）的同名小说。克里斯塔尔迪很坚持，一定要我看这位年轻导演的剧本,说他之前导了一部关于黑手党首领拉法埃莱·库托洛(Raffaele Cutolo)的电影《被称为教授的男人》(Il camorrista, 1986),表现不俗。

剧本送来后,我一口气读完,非常喜欢,尤其是结尾。我当时觉得,且一直到现在仍然觉得,透过吻戏来说一个电影院的故事是很棒的想法。于是我决定放弃《烽火异乡情》。

○ 方达有什么反应?

● 她打电话来,语气很不好。但我完全能够理解。

○ 托纳托雷知道这些事情吗?

● 就我所知,想到找我的是克里斯塔尔迪,托纳托雷只说了一句:"如果能成功就太好了。"这里有一个前提是,关于我一直有个负面传闻。很多导演,尤其是年轻导演,之前……甚至到现在为止,都认为我脾气不好、近乎独裁、很难相处,不然就说我工作太多。总而言之,是个自我膨胀的艺术家。此外,唱片公司的人说我永远没空,花钱如流水。事实的真相是他们知道我指挥乐团从来不打折。我不挥霍,也不节省。

○ 克里斯塔尔迪是怎样的一个人?

● 很可爱的一个人,总是客客气气的。当然,也是很优秀的电影制片,很少失误,工作的时候也总是能保持高格调。我们是在罗克·赫德森(Rock Hudson)演的喜剧电影《老千兵团》(A Fine Pair, 1968)中认识的。导演是弗朗切斯科·马塞利(Francesco Maselli),他同时也是我很喜欢的一位演员,我从他的第一部电影就认识他了,那部片我担任音乐大师乔瓦尼·富斯科(Giovanni Fusco)的编曲。

○ 跟马塞利合作得如何？

● ……很好，虽然后来没有机会继续合作。我想那次应该也是克里斯塔尔迪想要找我的。

○ 你觉得他作为导演如何？

● 他是很不错的电影导演，虽然他的作品游走在严肃、政治和商业之间。

○ 我们先回头谈托纳托雷吧。

● 我们第一次交谈是讲电话。我对他的第一印象是有能力、有热情。他来家里的时候，我让他听了不同的主旋律，其中还有一首《爱的主旋律》是我儿子安德烈亚写的，我只做了一点点调整。托纳托雷也选了那首，我刚开始不敢跟他说那不是我写的，怕他会不高兴。录音过程中，我看他对那首曲子的喜爱有增无减，我不断问他："你是真的喜欢？"我不知道要怎么开口告诉他，等到乐团结束录音后，我才向他坦白实情，他说他很高兴。为了迷信，我让安德烈亚也挂名《尤其是在礼拜日》（*Tonino Guerra*，1991）和《天伦之旅》的配乐，虽然他其实完全没有参与。至于《天堂电影院》，我去登记著作权的时候，作者全都登记我跟安德烈亚两个人。

○ 克里斯塔尔迪在这部电影中扮演怎样的角色？

● 刚开始观众的反应很普通，他凭直觉大刀阔斧删减了片尾剧情。所以过了刚开始的那个阶段后，新版本的《天堂电影院》赢得了戛纳评审团大奖和奥斯卡最佳外语片奖，变成了全球的热门电影。

○ 谈谈托纳托雷这个人吧。

● 后来他成了我的好朋友。他很有原则，也很脚踏实地，很诚恳，很严肃，很严谨，非常尊重别人的专业。他不傲慢，现在的音乐素养也进步很多。他喜欢单簧管，他的建议往往跟我的直觉判断相同。我们常跟他太太罗贝塔（Roberta）、女儿玛莉安娜（Marianna）和我太太出门。我很佩服他对电影的热情，这从他常把老电影挂在嘴边可以看得出来，电影《巴阿里亚》一开头也是如此。我也很佩服他尽管拍不同电影，却始终能维持个人风格的能力。他在工作上很重视混音的细节，他始终记得拍第一部电影时别人跟他说过的话：人的耳朵没办法同时听两种以上的信号，三种更是不可能。在混音的时候，他总是把这句话放在心里。

○ 莱昂内对托纳托雷有什么看法？

● 他真心推崇这位年轻导演。托纳托雷让莱昂内看了《天堂电影院》的私人试片，我也去了。我记得莱昂内深受感动。有趣的是，莱昂内比较不认同的是小男孩那部分，而我却觉得很美。后来托纳托雷也请费里尼看了片子，就我所知，费里尼也很喜欢。

有关托纳托雷的电影作品

○ 托纳托雷接下来的片子是《天伦之旅》。

● 我立刻被这个父亲去看儿子的故事打动，他不断跟妻子对话，而我们直到最后才发现其实他妻子已经过世了。这个想法很棒，难怪不久前美国买下故事重拍，主角是罗伯特·德尼罗。

○ 托纳托雷有特别的要求吗？

● 他说希望像安东尼奥·罗西尼（Antonio Rossini）歌剧里的序

曲，还有朱塞佩·威尔第（Giuseppe Verdi）或民谣。我用了曼陀林，仿佛跟维瓦尔第相呼应。他把整部电影说给我听，我准备好音乐就让他来听。配乐的曲子很多，我想的是如何用音乐把整段旅行切分开来。我认为这部电影的运气不好。

○ 怎么说？

● 没有得到应得的肯定。品质很好，看得出是很有格调的导演手法。

○ 我个人觉得《幽国车站》是他最好的一部电影。

● 我也觉得那部电影很美，我认为是经典名作。我跟托纳托雷沟通后，决定用非传统的不和谐音来描述这个失忆男人的故事。我们采用不容易记住的主旋律，只有男主角杰拉尔·德帕迪约唱的一首歌《记得》（*Ricordare*）例外，那首歌的歌词是托纳托雷写的。主角的名字很特别，叫奥诺弗（Onoff），经罗曼·波兰斯基饰演的警官报告，逐渐恢复了记忆。为了衬托记忆渐渐浮起的感觉，我想了一个有旋律性的曲子，是很低调、神秘、隐隐约约的一个主题。我也是在读《幽国车站》剧本之前，就先把故事大纲写下来。片子开头是杰拉尔·德帕迪约独自在黑夜大雨中奔跑的画面，我写了一首很动感的曲子，用了五把小提琴加上乐团演奏。那原本是托纳托雷的想法，我做了些变化。那时候他已经展现出很成熟的音乐素养了。

○ 这部电影也没有获得很大的回响。

● 这部电影的调性变化太大，观众无法接受。带点卡夫卡的味道，故事又有神秘色彩。但我认为这部电影让大家看到了托纳托雷的才华。

○ 之后是《新天堂星探》（*L'uomo delle Stelle*，1995）。

● 说的是一个贩卖梦想的电影人的故事，仍然是向电影致敬的一部作品，男主角卡斯特利托假装为某部电影四处选角试镜。这次，托纳托雷事先给了我剧本。我记得他父亲也演了一个小角色，如果没记错的话，演的应该是一个工会分子。另外一个角色还是由知名演员里奥普尔多·的里雅斯特（Leopordo Trieste）饰演的。这部片子拍得很好，还入围了奥斯卡最佳外语片。

○ 你有去拍片现场吗？

● 很少。托纳托雷的电影，我记得我只去了《海上钢琴师》（*The Legend of 1900*，1998），而且是不得不去。因为饰演主角的蒂姆·罗斯（Tim Roth）得弹奏……应该说假装弹奏我特别为这部电影写的曲子。

○ 你对《海上钢琴师》有什么看法？

● 我非常喜欢。我事先就把配乐都写好了，因为这部片子有特殊要求：故事取材自小说家巴里科[1]的独白短篇小说，说的是一个一辈子都住在船上的人，从小就会弹钢琴，从来没有下船踏上过陆地。所以必须写出跟其他所有音乐都不一样的曲子，必须是出自才华横溢但不懂其他音乐的人之手。我想到的是莫扎特的音乐。那个不朽天才在八九岁的时候就可以办音乐会，还可以作曲。我是这么想的：主角1900没有登记户口，所以他既没有出生，也不会死，形同不朽。所以才会有小男孩第一次出现是在半夜弹莫扎特那场戏。

○ 其中最有名的是1900跟杰利·罗尔·莫顿[2]比赛的那场戏。

● 我写了一首曲子，是很隽永的旋律，说明他打败了另外一位伟大的钢琴家。那是很复杂、节奏很强、很活泼的八手联弹曲。至于莫顿弹的曲子则是托马西³原本的作品，经过计算机重新处理，跟托马西原本写的、演奏的一模一样。最困难的是，要如何表现出这场戏中的观众意识到1900在比赛中大获全胜。

○ 这部电影里还有一段爱情故事。

● 我为这段故事写的主旋律，是托纳托雷最喜欢的作品之一。出现在1900第一次看到心仪女子的时候，还有他没办法下船的时候。但是他到三等舱去找她的时候，我用了不和谐音来凸显1900内心的焦虑。另外一段我很重视的配乐，是片头一开始就出现的那段，也用在轮船抵达纽约、看到自由女神像的时候，是比较大胆的尝试，结果很好。

○《西西里的美丽传说》的筹备工作呢？

● 托纳托雷跟我说过故事之后，给了我剧本。我们讨论了很久。我写完所有的配乐，用六七种乐器试录，然后发现少了广场那场戏的音乐，那是所有男人带着渴望眼神看着玛莲娜的地方。所以我又写了一首有西西里味道的曲子。我想应该写得还不错，因为托纳托雷在电影《巴阿里亚》里又拿出来用。他唯一给我的建议是多加一个小型乐团，我欣然同意，也对他的音乐素养更加钦佩。他还要我放唱片《爱情不灵》（*Ma l'amoore no*）和另一首我的改编曲进去。从小男孩把玛莲娜想象成埃及艳后那幕开始，我们看到的是托纳托雷用这部作品和美丽的莫妮卡·贝鲁奇（Monica Bellucci）诉说他对电影的热爱。

○《隐秘》（*The Unknown*，2006）跟托纳托雷其他电影的风格也不一样。

● 对，截然不同，那是一部很复杂的电影，但非常精彩。是一部悬疑片，慢慢揭开一连串的悲剧事件，女主角内心充满矛盾，因为她在人生中始终扮演受害者的角色。我接受挑战，写出带有神秘感、有部分不和谐音的配乐。这里的不和谐音结合了八分音符和十二音技法。我很喜欢女主角想到男朋友被杀那场戏的配乐，《草莓主旋律》，虽然那个主旋律并非不和谐音。《隐秘》这部电影有很多陷阱和出人意表的发展，所以就配乐来说，比其他影片的难度都高。托纳托雷帮了我不少忙，虽然他的要求不少。

○ 最后我们来谈《巴阿里亚》，老实说，我还没看过。

● 你看了一定会喜欢。那是一部深入人心的电影。托纳托雷跟我聊过之后，给了我两个剧本，一个是用意大利文写的，一个是用西西里方言写的，他希望给我太太看，但是她看不懂西西里方言，选择看意大利文版。她很爱这部电影。我让托纳托雷听了很多曲子，其中一个是原野主题，用大型牧笛吹奏，是圣诞节走在马路上会听到有人吹奏的那种乐器。他很喜欢，不过他对自己的音乐能力已经有足够的信心，所以要求我加入之前就录好的车夫合唱，出来的成果十分迷人。我自己特别喜欢里面的爱情主题，我试着描述电影中的绝望、骄傲、屈辱和史诗情怀。

他站起身来，坐到钢琴前弹了起来。
曲子很美，我想象托纳托雷说："这是为我写的。"
莫里康内很投入，继续弹，没有停，还跟着哼唱。

● 你听这段怎么收尾的，乐团并没有很用力，但却很浓郁。

只有我们两个人，我的情绪很激动。我请他再为我弹一次。

他同意了。我发现我已经记住了那个旋律。

太不平凡了，莫里康内。

我们重新坐回沙发上，我继续问问题。

○ 你跟托纳托雷也合作过广告？

● 我们一起合作过十多个广告。我很喜欢贝鲁奇拍的 *Dolce & Gabbana*。

○ 广告的合作形态会很不一样吗？

● 差异比你想象的少。只是一切都集中在一分钟内，这其实是很好的训练。我跟托纳托雷还合作了一部纪录片，是关于法尔科内法官[4]的。我跟我儿子曾经四手合作，写了一首曲子献给他，只在那不勒斯的东方语言学院演奏过一次。那是一支实验性作品，安德烈亚写的是单簧管乐谱，我写的是钢琴乐谱，我们只有五分钟的时间，花了五秒钟斗嘴，还要考虑学生很慢热和他们的音域。我们都不知道对方在写什么，结果非常有趣。我们决定再写一首，这回互换乐器，然后跟之前那首迭奏。

○ 你常跟安德烈亚联络吗？

● 他现在住在洛杉矶。他是我儿子，我当然很想念他。但是他自己出去闯天下是对的。子女一定要脱离父母的羽翼，如今安德烈亚有了自己的天空。他的音乐有时候会走极简主义风格，他很有才华，写了一首很美的序曲，常有乐团演奏。

莫里康内停顿了一下，想到他儿子，脸上带着微笑，看来有些激动。他说他有点累了，这次轮到他为我们的聚会划下句号。

注 释

1. 亚历山德罗·巴里科（Alessandro Baricco, 1958— ），意大利作家、乐评家、导演。著有《愤怒的城堡》《丝绸》《海》《城市》等（以上皆有中译本）。
2. 杰利·罗尔·莫顿（Jelly Roll Morton, 1885—1941），美国钢琴演奏家、指挥、作曲家，自称在1902年发明了爵士乐。
3. 阿米迪欧·托马西（Amedeo Tommasi, 1935— ），意大利爵士钢琴家，曾加入美国爵士乐手 Chet Baker 的乐团合录专辑 *Chet Is Back*，跟莫里康内合作长达二十多年。
4. 乔瓦尼·法尔科内（Giovanni Falcone, 1939—1992），意大利法官，调查黑手党组织的主要成员，1984年正式起诉被逮捕的黑手党首领，令其于1987年获判三百六十项罪行共二千六百六十五年刑期。1992年在西西里巴勒莫高速公路上，被黑手党预埋的炸药炸死。

08　奥斯卡终身成就奖和克林特·伊斯特伍德的热情

莫里康内：克林特·伊斯特伍德让我很感动，他在意大利文化中心为我办的晚宴上意外现身。还有瓦伦·贝蒂。我记得他在另外一个颁奖典礼上说，每次我们合作，我都会写远远超过他需要的主题音乐给他，逼得他只好一直拍新片，才能把所有音乐用完。

与帕索里尼、贝托鲁奇合作/奥斯卡奖

2010 年 1 月 20 日，星期三

今天气温很不稳定，比前一天冷多了。

莫里康内在门口迎接我，没问我要不要咖啡。我跟他说，今天想谈帕索里尼。他让我跟他去书房，听几首他帮帕索里尼写的曲子。他的书房跟客厅之间隔了两道门，很宽敞，到处都是书、各种唱片（CD，也有很多三十三转的唱片）和海报。书桌上有一大沓信跟笔记，最吸引我注意的是两个柜子上满满的奖座。

我一眼就看到了奥斯卡终身成就奖奖座，再来是金狮奖，也是终身成就奖。还有其他各式各样的奖座，至少有十来座戴维奖、金球奖、意大利金杯奖、银缎带奖……[1]

莫里康内让我跟他走到书房的另一端，去听《大鸟和小鸟》（*The Hawks and the Sparrows*，1966）的片头音乐。"片头音乐用唱的，是帕索里尼的主意，我觉得很有趣。唱歌的是多梅尼科·莫杜尼奥（Domenico Modugno）。"

与帕索里尼、贝托鲁奇合作

○ 你跟帕索里尼怎么认识的？

● 恩佐·奥科内（Enzo Ocone）介绍的，当时他在电影制片阿尔弗雷多·比尼（Alfredo Bini）那里当音乐总监。帕索里尼本来想要用其他人的现成音乐来帮《大鸟和小鸟》配乐，我拒绝了，他说："那就你来做吧。"我很意外他当时对我那么信任。

○ 你对他这个人的印象如何？

● 他始终没变，一直是客气、多礼、小心、绝顶聪明，而且很尊重人的一个人。但他也是十分含蓄、内心纠结的人。工作期间，只有跟年轻演员尼内托·达沃利（Ninetto Davoli）和老搭档塞尔吉奥·奇蒂（Sergio Citti）讲话的时候，才比较平静。

他拍最后一部电影《索多玛120天》（Salò, or the 120 Days of Sodom, 2002）的时候，仍然待我十分小心，他请我到剪接室，但不让我看那些太过情色的画面，所以叫剪接师跳过那些他认为可能会让我觉得尴尬的部分。我为那部电影写了一首钢琴曲，在他过世后献给了他。该曲在片中由一个女孩弹奏，弹完女孩就自杀了。那是用十二分音技法写的不和谐音乐曲，是他要求我这么写的。

我已经很久没有想起他了，或许是因为他死因成谜。现在回想起来，我最记得的是我们总是用"您"跟对方讲话，再来就是他的彬彬有礼和乐于助人。《大鸟和小鸟》之后，除了《美狄亚》（Medea, 1969），他每部片子都找我。

○ 你说他乐于助人、彬彬有礼是指什么？

● 每次我问他一件事，他就会立刻回答，不需要再问第二遍。1968年RCA唱片公司想要做一张纪念意大利统一的专辑，托我去邀他写一篇文章，我只说了一次，三天后帕索里尼就把文章写好给我了。不止这样，唱片公司主管还希望他能亲自朗读，他照样欣然同意，又录了音。

之前我请他为我以街头表演者的简易乐器为灵感谱的曲子写一篇文章,他很快就写好了。当我跟他说我看不懂的时候(他文章里有很多引用和他自己发明的文字,因为他以为我说的街头表演者单纯是指那些泊车小弟),他寄来一篇批注,还附带了一句话:"希望这篇批注之后,不需要再来一篇批注。"那是他跟人家开玩笑的方式,但他总是先展现大方气度。

还有,后来我请他写歌词,假想小朋友闹罢课,他写了三首十四行诗,第一首说的是小朋友起而革命,第二首嘲笑老师,第三首则写小朋友放弃抗争,只差没有道歉,但他们还是祈愿大人们不要忽视他们的要求。我替小朋友写了一首合唱曲。这是我所有作品创作过程中最艰难的一个,演出的难度也很高。

○ 你是如何得知帕索里尼的死讯的?

● 是莱昂内打电话告诉我的,他非常震惊。我则非常痛心。[2]

○ 你当时有什么想法?

● 他的死因至今仍有未解之谜。我第一个念头是,大家都知道他的交友圈比较特别,但没有人想到他会有这样悲惨的结局。

○ 你对工作中的帕索里尼有什么特别记忆?

● 拍《大鸟和小鸟》时,我说出看法后,他只要求我要放入《魔笛》(*Magic Flute*)的咏叹调。《定理》(*Teorema*, 1968)的电影配乐是不和谐音,引用了莫扎特的《安魂曲》(*Requiem Aeternum*),不过我把《安魂曲》藏在这部电影的不和谐音配乐里,几乎听不出来,乐器用的是单簧管,帕索里尼也差点没认出来。后来他才知道这个选择无关乎艺术，而是忌讳，这一点不是每个人都知道的。至于专业上的要求，在《定理》和《坎特伯雷故事集》（*The Canterbury Tales*，1972）这两部电影中，他要求我用那不勒斯民谣。他用这种方式维持初衷、维持放入其他人音乐的自由。这一点我后来才明白，也才乐于接受，因为合作《大鸟和小鸟》时他对我十分厚待。电影开拍前，帕索里尼会给我剧本，但不会跟我太多说明。最多他会说："《定理》用不和谐音；《索多玛》（*Salò*）用十二音技法。"《大鸟和小鸟》中，他要我写一首用陶笛吹奏的曲子。我觉得最可惜的是他把马戏团那场戏剪掉了，我还蛮喜欢那段抽象乐曲的。

○ 你们在工作之余，私下会往来吗？

● 不会，我再说一次，他是非常含蓄的人，我只去过他家一次，在罗马世博会场附近，离耶稣会学校不远。

○ 你是通过帕索里尼认识贝托鲁奇的吗？

● 不是，我之前就认识贝托鲁奇了。我替贝托鲁奇的《革命前夕》（*Before the Revolution*，1964）做过配乐，那部电影还有吉诺·保利（Gino Paoli）挂名，其实贝托鲁奇只用了他两首歌，歌很美，后来他就放了我们两个人的名字。

○ 你会主动找导演吗？

● 不会，那样感觉很差。你想想看，律师主动联络客户是什么感觉。

○ 你跟贝托鲁奇的关系如何？

● 非常好，虽然我之前说过，他拍《末代皇帝》（*The Last Emperor*，1987）时没有找我，我觉得很遗憾。我知道他身体不好，现在除了景仰他的专业之外，我也很珍惜这个朋友。他是个伟大的导演。

○ 你对《搭档》（*Partner*，1968）这部电影有什么印象？

● 我写的音乐很简单，很颓废。电影用了一首英国民谣才子多诺万·菲利普斯·利奇（Donovan Phillips Leitch）的歌。

○ 那么《一九零零》（*Novecento*，1976）呢？

● 贝托鲁奇刚开始不是很确定要找我。我不知道为什么，或许是因为我写西部片音乐太成功的关系。后来是吉洛·彭特克沃说服他的。

○ 贝托鲁奇会提出怎样的要求？

● 他会谈很多关于音质、音乐味道的事情，这一点很有趣，他也很客气、谨慎、多礼。他想要在《一九零零》中加入意大利中部布德里奥镇陶笛表演团体的一首曲子，是那个团体自己写的，旋律很可爱。他还要我写一首有威尔第曲风的音乐，你或许还记得，片头有一个人高喊："威尔第死了！"那部电影很受欢迎，但是影评的反应很两极化：有人说那部片子很变态，所有法西斯都是冷血杀人狂，老百姓则都是英雄。我还跟一个我很尊重的记者吵架，我跟他解释说，这是一部写实寓言，并不是在作历史批判。

○ 你对那部电影有什么看法？

● 我个人觉得那是一部很棒的电影。我看的试片是还没有配乐的，大为震惊，当场在黑暗中就写了好几个主题。

○ 贝托鲁奇还有其他让你印象格外深刻的作品吗？

● 关于《月神》（*La luna*，1979）我记得的不多，不过《一个可笑人物的悲剧》（*Tragedy of a Ridiculous Man*，1981）倒是有很多愉快的回忆。

奥斯卡奖

○ 刚才你让我听你写给帕索里尼的音乐时，我的眼睛一直盯着奥斯卡奖座看。

● 那是很大的成就感、很高的荣耀。

○ 之前你五次入围奥斯卡……

● 我记得很清楚：《天堂之日》《教会》《铁面无私》《豪情四海》（*Bugsy*，1991）、《西西里的美丽传说》。

○ 哪一部片没有得奖最让你感到失望？

●《教会》，也是因为那年得奖的是一部很美的电影《午夜旋律》（*Round Midnight*，1986），但它有一半的音乐都不是原创。我记得宣布得奖名单的时候，观众席上一片哗然，后来有人告诉我，那个结果不是艺术考虑，纯粹是机遇。我希望那个说法不是真的。

○ 你得到奥斯卡终身成就奖的时候，什么让你觉得最窝心？

● 我跟你说过的，克林特·伊斯特伍德让我很感动，他在意大利文化中心为我办的晚宴上意外现身。昆西·琼斯（Quincy Jones）打了一通电话给我，我永生难忘。还有瓦伦·贝蒂（Waren Beatty）。我记得他在另外一个颁奖典礼上说，每次我们合作，我都会写远远超过他需要的主题音乐给他，逼得他只好一直拍新片，才能把所有音乐用完。

○ 你跟他合作的经验如何？

● 非常好。不过，他只有拍《选举追缉令》（*Bulworth*，1998）时身兼导演。他一手全包《爱情事件》（*Love Affair*，1994）的拍摄工作，但没有挂名导演。至于《豪情四海》，那是一部很美的电影，导演是巴里·莱文森（Barry Levinson）。我记得，那时候瓦伦·贝蒂带片子到我罗马的家给我看，但是他有严重时差，坐在沙发上就睡着了。他一醒过来就要我帮他写他在《选举追缉令》中饰演的参议员即兴 rap 时的音乐。

○ 瓦伦·贝蒂是个怎样的人？

● 很有魅力。长得帅，讨人喜欢。我能理解他为什么会是万人迷。我们后来变成好朋友，聚会的时候他会带太太安妮特·贝宁（Annette Bening）一起去。

○ 跟莱文森合作《豪情四海》的经验如何？

● 很好，不过他跟意大利导演的工作模式很不一样。他很实际，会从艺术和导演角度去思考如何处理一场戏。不会废话连篇去谈艺术。很多时候，这样其实比较好。我在他这部电影里模仿我自己原本为菲尔·乔安诺（Phil Joanou）某部电影写的配乐，那是很具实验性的作品。乔安诺对此大表不满，只差没有公开抱怨我重复使用了。那其实已经经过转化了，但还是认得出来。

○ 在你的职业生涯中，有没有让你在当时很受伤但事后却实现了成长的批评？

● 常常发生，我尽量聆听并学习。例如跟阿德里安·莱恩（Adrian Lyne）合作《洛丽塔》（*Lolita*，1997）的时候，我用钢琴弹配乐给他听，他说:"是不错,但不够隽永。"我回他说:"你现在说不准。"但我还是全部重写,最后的成果的确比较好,我们两个都很满意。

○ 你遇过导演最奇怪的行径是什么?

● 约翰·卡彭特(John Carpenter)在拍《突变第三型》(*The Thing*,1982)的时候找我,我问他为什么,因为他向来都是用计算机合成帮自己的电影配乐。他回答说他爱上了《西部往事》的配乐,让我看了片子,然后什么指示都没给就走了。我傻眼了,心想他到底是太过腼腆、出于尊敬,还是什么?我写了十二首,每一首都很不一样,后来接到制片很热情的一通电话,得知卡彭特只用了一首,专门为计算机合成写的那首。

莫里康内想到卡彭特,忍不住笑了。

● 卡彭特很古怪,但很友善。我刚才跟你谈《洛丽塔》的时候,想到电影《上吧,康奈利!》(*Ok Connery*,1967)的制片达里奥·萨巴泰洛(Dario Sabatello),那部意大利版的007电影导演是阿尔贝托·德·马蒂诺(Alberto De Martino)。萨巴泰洛在合约里写道,他要的配乐是"地中海风,要流行,而且一定要造成轰动"。我自然拒绝签名。

时间不早了,我往门口走。莫里康内说:"我还没有请你喝点什么呢。"

我微笑,伸手拥抱他,转身下楼。

注 释

1 据"莫里康内爱好者"网站根据 IMDb 及维基百科统计,从 1965 年接受"意大利新闻记者协会"的奖项至 2014 年,莫里康内受奖次数高达 87,另有 51 次提名。详细情况可登陆"莫里康内爱好者"网站(morricone.cn)查询。——编注
2 帕索里尼于 1975 年 11 月 2 日清晨被发现陈尸在罗马近郊的 Ostia 沙滩上,警方宣称凶手是帕索里尼在罗马车站搭讪的少年,因性交易发生纠纷,少年才失手杀人,少年随后被定罪判刑。当时多人提出质疑。2005 年少年出狱后翻案,称自己是受到胁迫才承担罪名。因帕索里尼批评时政、特立独行,有阴谋论认为可能是政治人物或极端保守人士买凶杀人;最新调查则认为当时帕索里尼有意揭发黑道操控少年雏妓内幕,或意大利石油公司国际交易的内线利益丑闻,才遭人以少年为饵,引至外地杀害。

09　音的民主机制

莫里康内：电影配乐受制于导演的想法和文化，当然也受限于画面影像。有时候，跟导演讨论可以得到很多启发。不过我还是要重申一次，我在做电影配乐的时候，总是会试着放入自己的东西。而我称之为"纯音乐"的音乐，则是为了自我陈述而生，唯一的限制是作曲家的想象力、风格、敏锐度和经验。

纯音乐家/新和音即兴乐团

2010 年 2 月 28 日，星期日

我们第一次约在下午，而且约在星期天。今天潮湿、阴沉，仍是寒冬，我来罗马只停留了四十八小时，为的是跟苏珊·萨兰登（Susan Sarandon）在音乐厅碰面，讨论"美国电影之旅"系列活动。莫里康内约我在傍晚五点半之后碰面，因为他要看罗马队的足球比赛。他说这场比赛很重要，因为罗马队对上的是那不勒斯队，那不勒斯队很狡诈，而且现在状况极佳。我到的时候比赛刚结束，二比二踢成平手。莫里康内来接我的时候说，这个比赛结果不错。"多亏了米尔科·武齐尼奇（Mirko Vučinić），我们原本领先两个球，事实上那不勒斯该赢的。老实说，这个结果对我们来说算是好的。"

○ 你都会看足球赛？
● 一场都不错过，而且我会大吼大叫，就跟在足球场看球一样。

○ 你有认识的球员吗？
● 很多：帕努奇（Panucci）、多尼（Doni）、蒙泰拉（Montella）、托蒂。有一次我还到罗马队在特里格拉的练习场地去看他们。

我们聊天的时候,他太太送走了几个客人,过来跟我们打招呼,还是非常客气。当我说我是国际米兰队的球迷,很高兴罗马队没赢的时候,她露出会心一笑说:"国际米兰球迷不错啊。"她对莫里康内的笑有一种你知我知的神情,然后就走开了。

纯音乐家

○ 我今天想谈谈你的"纯音乐[1]家"身份。这个名词让我觉得很好奇,但我实在无法真的理解那是什么。你可以解释一下吗?

● 我对严肃音乐或文化音乐这类说法并不满意。之所以会说"纯音乐",是因为这种音乐由作曲家一个人掌握,不需要满足电影或导演的需求。

○ 你这么说,听得出来那才是你真正在乎的。可是你的知名度和成就却来自电影配乐。

● 这我知道。之前,有时候我会觉得难过,但现在我知道自己的纯音乐越来越被大家接受。事实上,电影音乐和纯音乐两者关系很密切。

○ 怎么说?

● 我写电影配乐的时候并没有放弃实验精神,而且为电影写的音乐也让我另一边的创作力和作品更加丰富。

○ 你在创作新的作品吗?

● 我在写一首俗世清唱剧,由帕帕诺(Pappano)[2]指挥,圣诞节前要在总统府献唱。

○ 你对帕帕诺有什么看法？

● 他是一位很优秀的乐团指挥。我很高兴由他担任指挥。

○ 什么叫做俗世清唱剧？

● 是以神秘主义论者为灵感来源而写的清唱剧，例如圣十字若望[3]、亚维拉的德兰[4]和其他人。我的朋友德·梅利斯教授负责写词。

○ 你为什么会在20世纪70年代放弃这类音乐，而投入电影配乐？

● 为了经济，我没有办法继续下去。我们一件一件照顺序来说：这两种音乐完全不同。电影配乐受制于导演的想法和文化，当然也受限于画面影像。有时候，跟导演讨论可以得到很多启发。不过我还是要重申一次，我在做电影配乐的时候，总是会试着放入自己的东西。而我称之为"纯音乐"的音乐，则是为了自我陈述而生，唯一的限制是作曲家的想象力、风格、敏锐度和经验。1958年，我花了一整年的时间投入一场演奏音乐会，我很重视那场音乐会，今天回想起来仍然觉得很值得，随后在威尼斯音乐节也有演出。后来我收到著作权协会寄来的支票，六万里拉，折合到现在约五百欧元，总之，是个很荒谬的金额。那时候我就知道不能继续下去，所以我试着走其他道路，但并没有忘记初衷。我去找RCA唱片公司当年的艺术总监温琴佐·米科奇（Vincenzo Micocci），开始跟创作歌手或者像莫兰迪那样的歌手合作。

○ 这两种音乐最根本的不同在哪里？

● 我举个例子给你听。多年前，在斯波莱托市，我建议找十个优秀的作曲家来，在跟导演碰过面之后，给他们看同一段画面，请他们作曲。原本的想法是应该会出现十首不同的配乐，再请导演表达意见，看哪一首最能发挥效果。结果是大家都会得到同样的肯定。多年后，我和德勒吕、勒格朗一起受邀到巴黎的一场音乐会演出，那次也做了类似的实验。

○ 就是你说你要求事先付款，后来才知道其他人都没有收到酬劳的那一次？

● 对，就是那次。

那次要做的，是为一组名为"巴黎的早晨"的画面配乐，可以看到巴黎的拂晓晨光渐亮。勒格朗强调的是巴黎大都会的这个面向，德勒吕写出了法式风笛华尔兹舞曲，我则是让乐团在影片开始前调音，影片播放中继续调音，一直到片尾才结束。我要传达的是苏醒和活力的概念。影片拍的是乐团排练室，由定格画面组成，一开始的定格时间短，之后越来越长。影片最后是排练室灯亮了，乐团的人进来，调音这件事因而合理化。

○ 结果大家反应如何？

● 大家报以热烈的掌声。

○ 那首曲子后来有再表演过吗？

● 多年后，在北意的蒙扎市演出过一次。但老实告诉你，那次观众的反应很冷淡。或许是因为他们不懂，或许是因为少了画面很难理解。后来我就没再表演过了。

○ 我们回头谈谈跟创作歌手和电影合作的事。是这些工作让你拥有了知名度、成就和财富。

● 渐渐地，我就把纯音乐放在一边了，偶尔才会写出像《迪诺的音》（*Suoni per Dino*）这样的曲子。

○ 那是什么样的曲子？

● 那是为迪诺·阿修塔（Dino Asciolta）写的曲子，他是一流的古提琴手，可惜已经过世了。这个曲子在乐手登台的时候，会在乐器上装一支麦克风，还有两台每秒钟转 7.5 厘米的磁带录音机，第一台录音，第二台读取第一台录的音，并二度录音，最后这首曲子会重复八九次。

○ 听起来很有趣……

● 是很有趣，也很复杂。常发生意外，例如麦克风掉落。后来我改成预录，效果几乎跟原来的一样。总之，除少数作品外，直到 80 年代为止，纯音乐都被我搁置在一旁。早期我写了不到二十首曲子，从 80 年代到今天，我写了一百多首。

○ 为什么会变多？

● 因为经济条件稳定了。

○ 你为什么喜欢这类音乐？

● 或许你会觉得我重复，或老生常谈，但我还是要说，纯音乐让我觉得更自由。不过我要重申，做电影配乐的时候，我照样坚持实验精神，例如阿基多早期的电影、贝多利的《乡间僻静处》、德塞塔的《半个男人》，以及《幽国车站》和其他小成本的电影。

提到贝多利，莫里康内停顿了一下，情绪有些波动。他发现我有所察觉，跟我说："对不起，我真的很爱他。总而言之，坦白说，实验告一段落之后，我又回头写一般音乐了，因为一直有朋友跟我说：'你再这样下去，就没有人敢找你了。'"

新和音即兴乐团

○ 纯音乐这条路上，你有参涉的对象或灵感来源吗？

● 当然有。60年代，我曾受邀跟新和音即兴乐团（Nuova Consonanza）一起演奏，我们做了一些很有趣的实验，是大家对德国达姆施塔特（Darmstadt）夏季课程中某些音乐的荒谬性所做的对话、省思和反动。在那里，有些作曲家写的曲子复杂到无法控制演奏的结果，于是乐手只好被迫即兴演出。甚至还有很极端的想法，例如拿一份报纸放在乐手面前，要求他看报并弹奏出对新闻的反应。

我跟新和音乐团重新审视这派理论，提出一种由我们自行即兴发挥的音乐。

○ 成员有谁？

● 马基，他也写电影配乐。还有弗雷德里克·卡热夫斯基（Frederic Rzewski）、佛朗哥·埃万杰利斯、瓦尔特·布兰基（Walter Branchi）、约翰·海涅曼（John Heineman）、贾恩卡洛·斯基亚菲尼（Giancarlo Schiaffini）和亚历山德罗·斯博尔多尼（Alessandro Sbordoni）。

○ 你们都在哪里练习？

● 主要在罗马美国学院[5]。

○ 你们做怎样的练习？

● 传统做法是做和谐音练习，另外有一种练习叫做"材质单音"，也会想要创造出一种颂歌[6]。还有一种练习很有趣，要对采取攻势的乐手给予反击。

○ 什么意思？

● 其中一个乐手弹奏一个音或一连串的音，你要用音来跟他对话或拒绝对话。这是最根本的一种实验，但在80年代初新和音乐团解散后就结束了。我说过，《乡间僻静处》有一半的配乐都是由我们这个团体演奏的，不过，即便在那个时候，我还是会想要谱写大家听得懂的音乐。我想要在纯音乐和电影配乐之间找到一致性。

○ 有没有人委托你写纯音乐的曲子？

● 经常，最近一次是蓬蒂诺（Pontino）音乐节的主办单位。唯一要求是有机音乐[7]，还有时间长度。

○ 你如何界定你自己这位纯音乐家？

● 我属于后韦伯恩[8]世代，但我并不认为我是那样的音乐家。我只写过三首符合那种调性的曲子。其中一首叫《距离》（*Distance*），乐器有小提琴、大提琴和钢琴，很复杂的曲子。我自己听了都觉得奇怪，虽然我也认为它很浪漫。

○ 你说后韦伯恩指的是什么？

● 谱曲的时候会订定参数，同时要想着把所有可能性都收纳进来，并精确地处理所有细节：音高、时值（每一个单音或一串音的时间长度）、停顿、音色、节奏，等等，所有韦伯恩和他的接班人采用的那些参数。他们摒除了传统的写谱方式，制定了一种音的民主机制和我刚才说的那些参数。那是一种真正的音乐民主，由勋伯格[9]对十二音技法的概念出发。

莫里康内停顿了一会儿。他看着我，然后说："我知道这对没学过音乐的人来说可能太复杂了。"他在钢琴前面坐下来，试弹了几个音，提醒我注意没有一个音是主音。

● 有没有听出这些音的民主机制？

我微笑表示同意，在心里告诉自己，我永远也不会想到要把"民主"这个词跟谱曲放在一起。

他站起身的时候，我们两个都注意到天色已晚。我们聊了纯音乐跟实验音乐，虽然我一再努力提醒他，但我们还是把流行歌曲跟流行音乐撇在了一边。显然那是莫里康内要的。

我们约好下次见面的时间，他陪我走到电梯门前。
我选择走楼梯，在罗马潮湿的夜色中步下台阶。

注 释

1. absolute music,依照人民音乐出版社2002年版《牛津简明音乐辞典》,译为纯音乐,"单纯的器乐音乐,即不是标题音乐,或者说不借助任何方式加以借势、说明的音乐。"又译作"绝对音乐"。
2. 帕帕诺,指挥家,出生于英国,双亲为意大利人。现任英国皇家歌剧院音乐总监,意大利罗马音乐学院音乐总监。
3. 圣十字若望(San Juan de la Cruz,1542—1591),西班牙神秘主义者,天主教改革的重要人物。以写作著称,其诗歌及对心灵成长研究的著作是西班牙神秘主义文学的代表。教宗本笃十三世封圣,名列天主教三十三位圣师之一。
4. 亚维拉的德兰(Santa Teresa de Ávila,1515—1582),西班牙神秘主义者,著有《内心的堡垒》(*El Castillo Interior*)、《圣德之路》(*Camino de Perfeccion*)。1622年教宗格里高利十五世封圣,也是天主教圣师之一。
5. 罗马美国学院(American Academy in Rome),是美国于1894年成立的文化机构,位于罗马。旨在推广艺术及人文学科的研究,提供美国学者及艺术家来此短期住宿,进行创作或研究。
6. 颂歌(mantra),具有重复、传唱等特性。在此指能够创造变化的音、音节或词组,起源于印度吠陀传统。
7. 有机音乐是指能体现自然、心灵,并与之对话的音乐。
8. 安东·弗里德里克·威廉·冯·韦伯恩(Anton Friedrich Wilhelm von Webern,1884—1945),奥地利作曲家,与老师勋伯格等组成新维也纳乐派,创作无调性音乐,并使用音色序列法,让音色组合持续不停变换。对后世影响甚大。
9. 阿诺尔德·勋伯格(Arnold Schonberg,1874—1951),奥地利作曲家、音乐理论家、教育家,二十世纪最具代表性的音乐家。提出十二音列理论,影响了二十世纪音乐的后续发展。

10 三个特别的演奏者：
金属乐队、斯普林斯汀、恐怖海峡

莫里康内：金属乐队经常演奏《黄金三镖客》，斯普林斯汀的演唱会用《西部往事》开场，恐怖海峡也是，他们想认识我，有一次还请我跟他们吃饭。

流行乐手的演奏/曾合作的导演们/担任电影节评审

2010 年 3 月 15 日，星期一

为了发布我的新书《选择黑暗：十二个恶之故事》（*Hanno preferito le tenebre*），我回到罗马，约了莫里康内见面。

今天阳光普照，春日将至。对我而言，今天会很忙碌，我们约一大早碰面。莫里康内习惯早上工作，但他还是热情迎接我，把我出新书当成他自己的事，问我内容写的是什么，什么时候写的，我的企图跟对未来的期许是什么。他照旧问我要不要咖啡，面带微笑听我婉拒后，就坐在沙发上开始今天的对谈。

流行乐手的演奏

○ 我不知道原来 1978 年在阿根廷举行的世界杯足球赛大会主题曲是你写的。

莫里康内微笑不语，显然那件事让他感到有些不快。然后他开口说话。

● 我不记得是谁找我的，或许是 RCA 唱片公司。我写了一首很俏皮的进行曲，刻意写得很简单，希望大家能够朗朗上口。我到现在都还记得那旋律。

他陷入静默。

○ 你不想谈这件事吗？

● 结果令人非常失望：每场比赛前都要演奏主题曲，但那个乐团根本就不及格，说好听一点，是能力不足。他们用五六种乐器，每次我听到那个乐团绕着足球场演奏主题曲就觉得难过，因为我原本的想法是希望那曲子能够激励球员。但他们演奏的时候，我不时还会听到错误或走音，我真希望他们干脆播放我录音的版本就好。

○ 有不同乐手演奏过你的作品，也有摇滚歌手在演唱会上演出。

● 金属乐队（Metallica）经常演奏《黄金三镖客》，斯普林斯汀的演唱会用《西部往事》开场，恐怖海峡（Dire Straits）也是，他们想认识我，有一次还请我跟他们吃饭。

○ 你觉得他们的表演如何？

● 很不一样，无法一概而论，但我很高兴能受到风格迥异的音乐人的喜爱。

○ 你有没有想过原因？

● 或许是因为我总是力求达到简单和谐。简单但不流于庸俗。我创作的和弦基本上只利用三个音，几位大师如巴赫、莫扎特也用过。很多创作歌手偏爱这个和弦，因为用吉他弹简单和弦比较容易，可以跟他们的技巧运用结合无碍。

○ 有你特别欣赏的乐手吗？

● 几乎每个乐手都会改编我的曲子，有几个改编的结果很有趣，例如约翰·佐恩（John Zorn），我认为他真的很棒，我跟他说："你演奏的时候，我都听不出来那是我的作品。"我的音乐在他手中，只是借题发挥的一个点。不过他不是唯一一个。

○ 乐手要求使用你的曲子时，你会给什么建议吗？

● 不会，通常会让他们自由发挥。有时候结果难免令人失望，但我不想说是谁。有时候会很开心，例如斯普林斯汀，还有昆西·琼斯（Quincy Jones）。我认为昆西·琼斯是世界上最优秀的乐手之一。

○ 你们是好朋友？

● 奥斯卡颁发终身成就奖给我的那天晚上，他就坐在我旁边。我很欣赏他，他是很棒的编曲人，很了解乐团。他的作品，例如他帮电影《典当商》（The Pawnbroker，1964）做的配乐，非常精彩。

○ 我很爱马友友那几张专辑。

● 我也很喜欢，但是老实说那都是我亲自制作的，所以保留了原始的风格。我记得马友友来录音的时候，大家都很爱他。我指挥的时候会做些变化，或突然放慢速度，他会微微一笑然后跟上，非常投入。

曾合作的导演们

○ 你也帮纪录片做过配乐？

● 对，其实从技术层面来说并没有什么不同。重要的是在导演的指示下找到正确的氛围。

○ 合作的纪录片导演中,有没有你特别欣赏的?

● 我跟卢恰诺·埃默(Luciano Emmer)合作很愉快,他很聪明,我很尊敬他。我还帮另外一部纪录片《卡利亚诺河源头》(*La sorgente del Garigliano*)做过配乐。

○ 跟福尔科·奎利奇(Folco Quilici)合作的《海洋》(*Oceano*,1971)呢?

● 其实我们两个都认为那是一部不折不扣的电影,有完整剧情,还有一个小男孩是主角。那次合作很愉快,后来我们又合作了电影《深海余生》(*Only One Survived*,1990)。他很细腻,很客气。他希望我的配乐带点东方色彩,亚洲啦,复活岛啦,我想了一个介于即兴和结构之间的音乐,类似原始音乐,音是没有经过组织的。

○ 你说的结构是指什么?

● 每个乐手的谱上有各种音符结构,彼此互不相同。乐手根据指挥的起奏来弹奏,出来的音乐看似毫不相干,其实是一种高度演化。

○ 你合作的导演之中,还有科尔布奇[1]。

● 我们常合作,每次合作都很开心,也很有趣。他是有话直说的罗马人,而且很幽默。他总是一副不抱任何期望的表情跟我说:"这音乐好吗?"一边嘲弄地看着我,一边摇头。

○ 你帮他写的电影配乐中,有一部非常受欢迎,我说的是《同伴》(*Vamos a matar, companeros*,1970)。

● 我很高兴你提到这部电影的配乐，我个人也很喜欢。或许听不太出来，但我在配乐旋律中加入了额我格里高利的元素。我在朱利奥·彼得罗尼（Giulio Petroni）的电影《死神骑马来》（*Death Rides a Horse*，1967）中也用了同样的手法，另外一部关于若望·保禄二世的传记迷你影集《若望·保禄二世》（*Karol*）就更明显了。问题出在大家往往不会注意到电影配乐所呈现的音乐文化百年历史的积累，尤其是比较低调的电影配乐。在《同伴》里，我用了纽姆谱中八分音符（punctum）和四分音符（virga）之间的格律关系，还有三个八分音符（torculus）²。

○ 另外一个很重要的合作关系，是跟导演鲍罗尼尼。

● 他是十分多礼、周到，而且非常尊重音乐家的一位导演。他跟皮乔尼合作过，后来他都找我，只有一次例外，他找了鲁斯蒂凯利（Rustichelli）。皮乔尼懂得聆听，他是很有文化涵养的人。我认为他也是很优秀的歌剧导演，我看过他执导的《托斯卡》（*Tosca*，1976），男主角是帕瓦罗蒂（Pavarotti）。我觉得朋友共事最好，这样导演可以让你有成就感，也敢开口告诉你什么地方不对。我跟鲍罗尼尼一直是好朋友，直到他过世。他重病坐在轮椅上的时候，我去看他，看到他变成那样，我真的很伤心。每次我经过他家所在的西班牙广场，都还会觉得心痛。

○ 另外一个你常合作的导演是蒙塔尔多。

● 他是我合作次数最多的导演，我们之间关系紧密，不只在工作上，也在生活上。他也是很信任音乐家的导演，懂得聆听，懂得冷静面对合作关系，这对电影能否呈现最佳面貌绝对有帮助。

○ 你最有名的一个主题是蒙塔尔多《死刑台的旋律》（*Sacco e Vanzetti*，1971）里的《你将永存》（*Here's to you*），那首歌的灵感是怎么来的？

● 我去圣罗伦佐塔镇度假，但习惯不去海边，也不做日光浴。那时候蒙塔尔多打电话给我，跟我说他要的是什么。我想了一个很短的主题，八小节的顽固低音[3]，他说要找琼·贝兹（Joan Baez）演唱。我想要通过这个音乐传递的是，一个人独自走在路上唱着歌，他身后有一群人渐渐加入，最后他的声音淹没在大合唱中：侵入的群众以某种方式剥夺了他的孤独感。歌词是贝兹跟科隆博[4]一起写的，当年他们走得很近，工作上也常携手合作。

○ 你跟琼·贝兹的关系如何？

● 我开着我的雪铁龙到法国圣托贝找她。我记得我是在游泳池边找到她跟她儿子的。我把歌交给她，让她来录音，可是她唯一有空的时间是8月15日，意大利法定假日，根本找不到管弦乐团。我只好用钢琴和打击乐当衬底音乐。她先唱，我之后再录乐团。录音录得很匆忙，因为她赶着离开。有几个地方，耳朵尖一点的人都听得出来不够精确，我们混音的时候调了一下。总之，这首歌反应很好。但我要说另一件事：我为这部电影还写了三首曲子，叫做《萨克和范泽提叙事组曲》（*La Ballata di Sacco e Vanzetti*），我以为那首歌会红，没想到事与愿违，至少出唱片的时候反应平平。《你将永存》就不一样了，或许是因为很容易朗朗上口。不过我从来不去猜大家会喜欢哪首歌。这样才能保有创作的自由。

○ 你后来还有遇过她吗？

● 她有一次到罗马来，我们大家一起到罗马郊区靠海的弗雷杰内去吃饭，那天晚上很轻松，为电影庆功，说说笑笑。除了蒙塔尔多之外，吉洛·彭特克沃也来了。

○ 我们很少谈到另外一位大导演贝洛基奥。

● 因为我们很少合作。我帮他的电影《怒不可遏》写配乐，那是我个人很喜欢的作品，曲子有点像催眠曲，由女高音玛丽亚·里格尔·托尼尼（Maria Riegel Tonini）演唱。当年我跟很多第一次拍片的年轻导演合作，跟他们做事时，我也比较大胆：我从来不做商业考虑，那几年尤其明显。我在《怒不可遏》的配乐用了不和谐音，而且贝洛基奥几天前还打了电话给我，因为他要把那部电影改编为舞台剧。

○ 你对那部电影有什么看法？

● 很棒的艺术电影，充满不安，评论给予高度肯定，那是他应得的，但是票房表现平平。

○ 后来发生了什么事？为什么你们没有再继续合作？

● 我说过，他打电话来找我合作《中国已近》，但我完全想错了方向。我出了很大的糗，当时我有一个很古怪的想法，从电影名出发，写了一系列的音乐绕口令，因为我以为那会是一部搞怪的电影。片头音乐是一个很迷人的声音唱的一连串字谜，有点像慢板饶舌跟实验音乐的结合。不过我这个提案被他拒绝了，他是对的。那是我们最后一次合作，后来他找了皮奥瓦尼。不过老实说，我觉得他有一种想要垄断音乐家的意思。我还是很尊敬他，不久前我还跟他说："你没再找我合作是对的。"

担任电影节评审

○ 在你的职业生涯中,也担任过戛纳和威尼斯电影节的评审。我想聊聊你那两次的经验。

● 戛纳那次,我跟制片弗兰科·克里斯塔尔迪是唯一的意大利评审。那届评审团主席是英国演员德克·博加德(Dirk Bogarde),那年金棕榈奖颁给了维姆·文德斯(Wim Wenders)的《德州巴黎》(*Paris, Texas*, 1984),但我们两个为了捍卫《亨利四世》(*Enrico IV*, 1984)掀起论战,那正是贝洛基奥的作品。

○ 为什么《亨利四世》什么奖都没有得?

● 因为博加德不喜欢,他根本不清楚贝洛基奥的作品。我跟博加德说,我认为那是贝洛基奥最好的作品时,他回答说:"可想而知其他的有多糟。"如果我没记错,好像只有托尼诺·圭拉(Tonino Guerra)的剧本得了某个奖。

○ 撇开得奖结果不说,那次经验有趣吗?

● 很有趣。我们一天看两部电影,招待十分周到。最后一天我们被带到距离戛纳很远的一座城堡里,不能跟任何人讲话。我们由警察护送到电影节主席吉尔斯·雅各布(Gilles Jacob)的书房,严禁外出。

○ 你怎么看《德州巴黎》?

● 不太能说服我。我支持的片子在所有奖项全军覆没,这让我觉得很泄气。

○ 威尼斯电影节的经验又是如何呢?

● 找我的是吉洛·彭特克沃,那是他第一次当威尼斯电影节主席。评审团主席是美国演员丹尼斯·霍珀(Dannis Hopper)和捷克导演伊利·曼佐(Jirí Menzel),另外还有两位法国影评人。那一年很棒,有美国片《大亨游戏》(*Glengarry Glen Ross*,1992),但饱受美国人的批评。还有,最让我意外的是,法国评审也毫不留情地批判法国片《今生情未了》(*A Heart in Winter / A Heart of Stone*,1992)。我完全不记得那年到底谁得了金狮奖,我本人非常喜欢《梦往澳洲海》(*Acla's Decent Into Floristella*,1992)这部电影,包括它的配乐,但是评审团主席听不进去。还有一部非洲电影的配乐也很棒,我想要让它得奖,但是他们说规定中没有任何奖项要颁给音乐的。

○ 那年还有什么特别的印象?

● 那年有很棒的电影,但也有几部拍得真的很糟。我记得有三次评审团看到一半就集体离席。

○ 那是怎样的电影?

● 一部是葡萄牙片,整个故事都在讲一个男人想要杀人,直到被他儿子说服才收手。另一部是德国片,是某个作家跨行当导演的处女作,他还是回到本行好好写作才是。我记得有一场戏很长,是一群人在走路,什么事都没发生,真让人傻眼!那时候我想到戛纳主席雅各布说过一句话:"一个认真的电影节应该让观众喜欢的片子成功。"但那部片,真的没有办法!

○ 第三部很糟糕的片子是?

● 是一部俄罗斯片,开场足足有十分钟的时间,摄影机都对着一个卷心菜园不动,什么事都没有,直到一个男人走进来,在菜园里找到了一个小男孩。就在那一刻，所有评审都站起来离开了。不过，我得说明那一年还是有很多好片的，例如德·帕尔玛的作品。或许参赛作品的水平参差不齐，跟吉洛·彭特克沃是第一年担任电影节主席有关。

○ 你觉得戛纳跟威尼斯电影节有什么差别吗？
● 戛纳比较绚丽，但威尼斯本身条件也不差。

一转眼我们已经聊了两个小时，我非告辞不可。我道歉，莫里康内能体谅，但在我离开前，我们决定打个电话给贝洛基奥。莫里康内热情问候，开着玩笑哼唱《怒不可遏》主旋律。

几个小时后，我上气不接下气地赶到我的新书发布会现场，发现莫里康内坐在第二排，沉默不语。他沉默是因为腼腆，而他身边围绕的全是闪光灯。

注　释

1. 塞尔吉奥·科尔布奇（Sergio Corbucci, 1927—1990），意大利电影导演、编剧。电影风格横跨音乐剧、喜剧和意大利西部片，但他的西部片多了些暴力美学成分。昆汀·塔伦蒂诺十分推崇科尔布奇，认为他和莱昂内同为意大利西部片的代表人物。
2. 纽姆谱（neuma）是五线谱的雏型，纽姆（neuma）一词源自希腊文，意为"符号"，可记录单音或一组音，也可说明旋律的大概轮廓及方向。在早期旋律靠口授相传的时候，这些符号作为辅助记忆用。punctum 指八分音符，virga 指四分音符，torculus 指三个八分音符。
3. 顽固低音是指在音乐中重复出现的低音组，或重复短小主题，或重复固定旋律。
4. 富里奥·科隆博（Furio Colombo, 1931— ），意大利记者、作家，曾任职意大利广播公司，制作文化、纪录类型节目；为美国《时代周刊》《纽约书评》撰写文章。2000 年至 2005 年间，担任意大利左派报纸《统一报》社长。现为意大利议会议员。

11　没有灵感这回事

莫里康内：我听过太多人说灵感来自于一种内心悸动，例如看到一个美丽女子的摇曳身影。是有这个可能，但那单纯只是一个简单的启发，之后会再衍生出其他想法。

灵感/遗憾/快乐时光

2010年4月12日，星期一

今天天气阴沉又下雨，但莫里康内容光焕发。他的罗马队以二比一击败了贝尔加莫的足球队亚特兰大，在积分上超越了国际米兰队。我说恭喜，但很明白表达了我是口是心非。莫里康内没有不高兴，只说罗马队那场球其实踢得很糟，太过紧张，第一颗球会进是因为对方守门员失误，还说接下来的道路荆棘遍布，国际米兰队是有一场硬仗要打没错，之后会对上尤文图斯队，不过罗马队下个星期得跟同在罗马的拉齐奥队兄弟相争。"这两支队伍比赛，向来都要缠斗很久，而且胜负难定。"他又补了一句。

不过，莫里康内之所以心情大好还有另外一个原因：他刚从伦敦回来，他在那里举办了一场电影音乐演奏会，终场获得大家起立喝彩，久久不散。

他照旧请我喝咖啡，听我照旧回答说"不了，谢谢"微笑不语，然后问我今天要谈什么。

今天我想谈灵感，我这么跟他说。他略带不解地看着我，回答说："那是很浪漫的一个名词。"

灵　感

○ 怎么说？

● 事实上没有灵感这回事，我的意思是，灵感不会从天而降。

○ 那么一首曲子到底是怎么开始的？

● 会先有一个初步的想法，然后慢慢琢磨成形。有时候这个初步想法里已经有些具体东西，但未必都如此，这想法也有可能被推翻，或被放弃。我听过太多人说灵感来自于一种内心悸动，例如看到一个美丽女子的摇曳身影。是有这个可能，但那单纯只是一个简单的启发，之后会再衍生出其他想法。

○ 美国照相写实画家查克·克劳斯（Chuck Close）说，根本没有灵感这个东西，要卷起袖子才会有艺术。

● 我完全同意，而且还得"埋头苦干"。

这时候有一通电话进来，是著作权协会的工作人员打来的。莫里康内说了声对不起，去接电话，讲了几分钟。回来的时候，又说了声对不起，然后简短说一句："我太太老怪我不看清楚合约内容。她是对的。"

○ 你刚才说到埋头苦干很重要。

● 我要把时间往后拉，举一个我常说的例子给你听：有导演找我的时候，我的脑子就会开始启动，仿佛身怀六甲，我得在怀孕那几个月努力工作，才能生出一个健康的小孩，而且最好还要五官端正。

○ 这个工作是你一直以来都想要的吗？

● 我相信自己生来就是注定要当音乐家的。虽然小时候我说过长大后要当医师，因为当时很崇拜我们家的小儿科医师隆奇，我之前跟你说过，墨索里尼也找他帮孩子看病。我还跟父亲说以后要当医师，但后来了解到自己喜欢的是别的。

○ 小时候的愿望，今天有留下任何影响吗？

● 我相当关注医学、外科和药剂学的发展。现在我每天都吃维生素，很注意自己的健康。他们说我看起来一点都不像八十二岁。我跟你说过，我会做运动，每天走路，我觉得自己比实际年龄年轻。年轻的时候我们不懂什么是年轻，现在我完全懂了。

○ 谈谈你的饮食习惯。

● 我什么都吃，内脏除外。记得有一次在舞台剧《蜂王浆》上演期间，作曲家弗兰科·皮萨诺（Franco Pisano）邀我跟导演萨尔切到米兰去吃饭，他说要做一顿很特别的晚餐请我们吃，对他而言是很讲究的一个盛宴。结果餐桌上有腰子、舌头、脑……那顿饭我什么都没吃。

○ 有没有什么是你最爱吃的？

● 我爱巧克力，还有核桃、蛋、鱼，不管用什么方式做的意大利面都爱。我很喜欢油，但尽量不摄取动物脂肪。偶尔也会破戒，但立刻就会后悔。营养师跟我说，总得留一点错好跟天主告解忏悔。

○ 你想过死后会发生什么事吗？

● 我是天主教徒，但不知道如何想象死后的世界。

遗　憾

○ 你八十二岁，有一个很棒的家庭，事业上掌声不断。你最大的遗憾是什么？

● 工作方面，老实说，有很长一段时间因为大家都只知道我是做电影配乐的，让我觉得很痛苦。正如我跟你说过的，从事电影配乐并非我的初衷，虽然我也很喜欢这份工作。我本想走布列兹、施托克豪森、贝里奥的路。我年轻的时候常跟太太说："希望能在音乐史上有一个小小的位置。"我想，现在在电影音乐这个领域算是有一个位置，我的"纯音乐"也开始常被演奏。我知道这绝大部分要归功于电影给我的知名度，但还是觉得很高兴。

○ 有哪一件事是让你印象深刻的？

● 里卡尔多·穆蒂（Riccardo Muti）演出了我的清唱剧《沉默之音》（*Voice of Silence*），那是我为纪念"9·11事件"所写的，我很高兴。他还特别当着我的面读谱。我当时决定亲自前往米兰带谱给他，那个作品的演出时间是半小时，他读谱就读了半小时。他说他很喜欢，那段演出美极了，我坐在音乐厅里，十分激动。那个作品必须清楚表达我写的主体，我心里想的是全世界每个角落都有声音在唱歌，他们的歌声有点像是在梦里。民族音乐学家恩里科·德·梅利斯提供给我八十多种声音，我从中挑选了二十种。我要找的是最原始的声音，因为我想纪念的不只是发生在纽约的那出悲剧，还有历史上所有的悲剧。

○ 你挑选的准则是什么？

● 我的分类是男声、女声；尖细、低沉；动感、静滞。我需要传递喜悦和伤痛。

○ 可以谈谈你个人的遗憾吗，跟工作无关的。

● 我对几个朋友感到很失望，但不会说他们的名字。我指的是利用我的友谊和信任的那些人。

○ 你的婚姻维持了很长的时间，而且很成功。在太太玛丽亚之前，你曾经爱过其他人吗？

● 我十四岁的时候迷恋过一个十二岁的女生，她是我音乐学院的同学，叫弗兰卡，对我这个少年来说，她仿佛是最完美的爱神化身。

○ 没有发生任何故事吗？

● 没有，而且最后是以失望收场：有一天她跟我说她想要嫁给有钱人，于是我编织的爱情美梦瞬间就破灭了。

○ 你后来有再见过她吗？

● 很多很多年以后。她突然联络我，希望我帮她儿子的忙，她儿子也是音乐家。过了六十年之后再见到她，我还蛮意外的，我几乎认不出她。

○ 有其他遗憾吗？

● 有一个，到现在我依然觉得心痛，跟工作有关。当年我还是个无名小卒，被 RCA 唱片公司找去帮美国导演约翰·休斯敦（John Huston）的《圣经：创世纪》（*The Bible: In the Beginning*，1966）写配乐，制片公司是迪诺·德·劳伦提斯的。休斯敦对彼得拉西写的音乐没有信心，RCA 建议他找我。其实彼得拉西是伟大的音乐家，只是他不了解电影。他们叫我写"创世记"那场戏的音乐，我满腔热血，主动加写了巴别塔那场戏的音乐。我找了意大利广播公司的合唱团跟管弦乐团来录音，指挥是佛朗哥·费拉拉（Franco Ferrara），他很厉害，还解决了一个我谱上的问题。

○ 那是怎样的音乐？

● 是过场音乐，很短，我匆忙中写成的。大家都很喜欢这两段音乐，我得到正式委托，但这个时候劳伦提斯跟我说，音乐原声带得归他。我说 RCA 已经花了这么多钱，我没办法答应。我很难过，而 RCA 自然也不同意我在那样的条件下跟对方合作。这个状况对我后来的职业生涯也造成了影响。我向平常跟我一起打网球的 RCA 总经理梅利斯（Melis）提出解除独家合约，我跟他原本是朋友关系，一年后，他要求我编曲版权的百分之五十要给他们公司，我答应了。

○ 后来那部电影的配乐怎么了？

● 配乐找了日本的黛敏郎（Toshiro Mayuzumi）负责，他是很棒的音乐家。

○ 你写的音乐呢？

● 我多年后用在一部电视剧《撒哈拉之谜》（*Secret of the Sahara*，1988）里，导演是阿尔贝托·内格林。我们改了那两首曲子的曲名，分别是《金之门》（*La porta d'oro*）和《山》（*La montagna*），大家都很喜欢。

○ 你跟内格林的合作经验如何？

● 非常好。从那部电视剧之后，他的每部电影都是我做配乐。他老说我是保育类动物。

○ 你还帮另外一个电视剧《黑帮》配乐，那部电视剧也很轰动。

● 我是从第二季才加入的。找我的导演是路易吉·佩雷利（Luigi Perelli），第一季的导演是达米亚尼，找了里兹·奥尔托拉尼（Riz Ortolani）做配乐。

○ 你怎么衔接上一季的作品？

● 我没看达米亚尼指导的第一季作品，也没听奥尔托拉尼的配乐。

○ 取代计划中原本的音乐家，你有什么想法？

● 我并没有道德上的顾虑，因为导演换人了。我还负责接下来每一季的配乐，一直到第十季为止，只有第八和第九季不是我。

○ 你做的是什么样的音乐？

● 我从《对一个不容怀疑的公民的调查》的半音模进[1]出发，和谐音语汇也来自那部电影，我在犯罪戏码用了同样的半音阶及和谐音概念。

○ 另外一部重要的电视作品是描述阿巴尼亚莱兄弟[2]的故事。

● 我跟导演斯特凡诺·雷亚利（Stefano Reali）后来成了好朋友，不过我之前拒绝他好几个月，他打了很多通电话我才答应的。

○ 怎么会变成好朋友？

● 很出乎意料。我让他听我写的曲时，发现他偷瞄我的谱，我才知道他跟瓜切罗[3]学过作曲。我们合作几部电影后，我就跟他说："以后你的电影配乐自己写啦。"

○ 他听了有什么反应？

● 我是开玩笑的，但他后来真的自己写配乐。然后，正如我说的，我们成了好朋友。

快乐时光

○ 接下来请告诉我，你的人生记忆中最快乐的时光。

● 结婚那天，虽然有我跟你说的很冗长的讲道；还有小孩出生的时候，有什么比那一刻更美好？我最大的财富是能够有玛丽亚这样的伴侣在身边，她在我把全副心力都投入工作的时候，把家里照顾得好好的。我负责扮演黑脸，她则扮演白脸。

○ 工作上的喜悦时刻呢？

● 奥斯卡，这点毋庸置疑。还有威尼斯终身成就奖、九座戴维奖、十座银缎带奖、四座金球奖、一张金唱片认证。以及不久前我收到的通知，说要颁发等同于音乐界诺贝尔奖的保拉音乐奖给我。还有就是罗马音乐学院任命我为院士，以及意大利历任总统颁发给我的不同荣誉头衔及勋章[4]。

○ 你会不会想念那些离你而去的老朋友？

● 我想到莱昂内、吉洛·彭特克沃、贝多利和许多其他导演都很痛心。还有我之前跟你说过的德·梅利斯，以及RCA总经理恩尼奥·梅利斯。我非常非常想念他们。

○ 作为天主教徒，你想过有一天会跟他们重新聚首吗？

● 我从来没想过这件事，那一定很棒。每次我想到他们，都忍不住会想：他们过世的时候，年纪都比我轻。我就跟自己说：说不定我也已经风烛残年了，但随后又觉得自己精力充沛，跟年轻人一样。只有到晚上，我才会觉得累。

○ 你几点上床睡觉？

● 十点，最晚十点半。早上四点起床，就开始做体操跟跑步，准备迎接新的一天。七点之前去买报纸，八点半开始工作。我认为纪律很重要。我想这样你可以明白为什么我到十点就累了。

○ 你刚才提到很优秀的电视导演内格林。写电视配乐跟电影配乐有很大的不同吗？

● 没有。对我个人而言，态度并没有什么不同。我的任务是为画面写音乐，有时候跟导演意见相同，有时候跟导演意见相左。只是电视作品基本上给予音乐的空间跟时间都比较少。

○ 我们可以说电视比较欠缺史诗情怀吗？

● 小屏幕当然没有帮助。而且电视倾向于降低格局，以符合更广大受众的需要。不过还是要看作品质量及导演才华。例如埃尔曼诺·奥尔米（Ermanno Olmi）的《创世记》（*Genesis: The Creation and the Flood*，1994）就是很棒的作品，但它是为电视拍的，你可以看出那是伟大导演的作品，拍出了一部没有对白的电影。我认为那是非常具有史诗情怀的作品。奥尔米是我很遗憾没有合作过的导演。

○ 你都看些什么书？

● 我基本上都看经典文学，例如但丁、曼佐尼（Manzoni）、薄伽丘（Boccaccio）。我还重读了罗马皇帝马可·奥勒留（Marcus

Aurelius）的《沉思录》（*Meditations*），以及其他很多宗教文本。比较近代的作家，我很喜欢乔治·曼加内利（Giorgio Manganelli），他的《一百》（*Centuria*）让我印象十分深刻。

○ 有没有哪一位艺术家对你有很具体的影响？

● 我想影响未必来自音乐，但我确实受到几位画家的影响。我现在想到的是卡纳莱托[5]，他又让我想到基里科[6]，我在他的阴影中得到某些直观。还有卡尔帕乔[7]，我记得我站在他的一幅油画面前，看着画中一条路上满满都是背着十字架的人，我跟自己说："要完成这幅画，得花一辈子的时间！"现代艺术家之中，我很欣赏布里[8]，我也很喜欢古图索的几幅作品，我有他一幅画。

莫里康内指着我身后的一幅巨型油画。

● 在海鸥画廊跟老板曼佐（Manzo）买的，我是因为贝多利才认识他的。古图索跟我说，在南美还有两幅画跟这幅很类似，不过是黑白的。原本这幅画没有作者签名，我是在买之前要求古图索签名的。

这时候，莫里康内又转身面向钢琴上方的那幅画。

● 马法伊这幅画也是在海鸥画廊买的。我第一眼就爱上了它，花了一千六百万里拉买下，那是四十年前的事了。

○ 聊聊你的休闲娱乐吧。你常去剧院吗？

● 以前常去，现在很少了。以前在戏剧季的时候，我们都买三个人的套票，多一个位子留给孩子，他们之中总会有人要跟我们去。我最爱的是莎士比亚,直到现在,我还记得四大悲剧中的某些曲子。那是因为我之前跟伦佐·里奇合作,为《奥赛罗》《哈姆雷特》《李尔王》等全套莎士比亚悲剧演出的关系。

○ 你常看电视吗?

● 很少,只看新闻和体育节目。我很喜欢法齐奥主持的节目[9],但不常看。

我得告辞了,待会儿得跟美国导演韦斯·安德森(Wes Anderson)碰面,因为明天我跟马里奥·塞斯蒂(Mario Sesti)要一起为他的演讲当主持人,地点在罗马音乐厅。我跟莫里康内说我星期一走,但紧接着星期六会再回来主持另一场活动,主角是英国演员杰里米·艾恩斯(Jeremy Irons)。莫里康内问我,这么频繁地飞来飞去,难道不会累。发自内心的答案应该是"非常累",但我只说"有一点",仿佛担心他想到我们之间的年龄差距。

我们约了下星期六再见。我告别后,按照惯例避开电梯,走楼梯离开。

注　释

1. 模进（sequence），指保留第一句的节奏或乐句走向，接续做较高或较低音阶的新乐句。
2. 弗拉泰利·阿巴尼亚莱（Fratelli Abbagnale）兄弟，知名意大利划船手，专攻双人单桨项目，赢得两面奥运金牌、七面世运金牌。
3. 多梅尼科·瓜切罗（Domenico Guaccero，1927—1984），意大利作曲家，彼得拉西的学生，是新和音即兴乐团的创办人之一。
4. 莫里康内获得意大利历届总统颁发勋章及荣誉头衔如下：1995 年，受封意大利功绩荣誉受勋者头衔（Commendatore）；2000 年，文化贡献金勋章；2005 年，功绩荣誉勋章；2009 年，受封荣誉军团骑士头衔（Cavaliere）。
5. 卡纳莱托（Canaletto，1697—1768），意大利画家、版画家，以透视景观作品闻名，擅于表达场景氛围，精确呈现光线变化，严守近乎科学的准则。
6. 乔治·德·基里科（Giorgio de Chirico，1888—1978），意大利超现实画派大师，是形而上画派（scuola metafisica）的创始人。
7. 维托雷·卡尔帕乔（Vittore Carpaccio，1465—1526），意大利画家，活跃于威尼斯的油画画家，记录了威尼斯共和国的生活和社会面向。
8. 阿尔贝托·布里（Alberto Burri，1915—1995），意大利艺术家，是意大利 20 世纪 60 年代兴起的贫穷艺术流派（arte povera）的重要成员。
9. 法比奥·法齐奥（Fabio Fazio，1964— ）自 2003 年开始主持的长寿脱口秀节目《天气预报》（*Che tempo che fa*）。

12　笔名：达恩·萨维奥和莱昂·尼科尔斯

莫里康内：或许有人会觉得诧异，但我总是举巴赫的例子，他一个星期就可以写一首合唱曲，还在教堂演唱。我跟他比的话，根本是无业游民。作曲家就该写曲，跟作家就该专心写作一样。

前往好莱坞/自认糟糕的作品

2010 年 4 月 17 日，星期六

今天阴晴不定，少见如此灰蒙蒙的四月罗马。我从纽约出发的时候，一切都很超现实：冰岛火山爆发的火山灰造成无数航班取消，许多机场关闭，其中包括伦敦和巴黎的机场。明天本来应该在罗马音乐厅跟杰里米·艾恩斯对谈的，他本来今天就该抵达罗马，但到现在仍卡在伦敦，没有人知道他是否来得及赶到。莫里康内迎接我的时候，显然觉得这个情况很有趣，很震惊看到我已经又飞回来了，但想到我这回可能是白跑一趟，只好微微一笑。更糟的是，火山灰逐渐往南移，我很有可能没办法离开罗马。

提前到昨天开打的比赛结果是国际米兰队打败了尤文图斯队，二比零，因此国际米兰队暂时领先了罗马队。但如果罗马队在明天的比赛中打败拉齐奥队的话，就会重新领先居首。莫里康内恭喜我的国际米兰队胜出，而且还以专业球迷身份，对右后卫麦孔·道格拉斯·西塞纳多（Maicon Douglas Sisenando）射入第一个球的勇敢挺进大加赞赏。"太精彩了，他起脚射门的姿势只有在沙滩上才看到，很难得在球场上看到。"完成咖啡礼仪惯例之后，他问我今天要谈什么。

前往好莱坞

○ 我想知道好莱坞是不是真的请你搬去那里定居？
● 是真的，不过那是德·劳伦提斯提议的。

○ 你的反应是什么？
● 我完全没兴趣。我跟美国电影界合作愉快，但我是罗马人，我爱罗马，我爱我的家跟家人。

○ 你跟德·劳伦提斯的关系如何？
● 我们往来并不密切。我们合作过好几次，他老是说有片子要找我，然后人就消失了，什么也没说。

○ 可以举个例子吗？
● 例如电影《沙丘》（*Dune*，1984），他跟我谈了很久，之后就没了下文。

○ 你什么都没说吗？
● 没有，我不想吵架。或许我也不是很在乎。

○ 你觉得德·劳伦提斯是一个怎样的人？
● 他是个伟大的制片人，是那种对什么都有意见的人。他们跟我说，德·劳伦提斯如果对剪接不满意，就会亲自到剪接室去把整部片重新剪过。说到这里，他对我也不怎么信任。

○ 你怎么认识他的？

● 我替他写了佛朗哥·因多维纳（Franco Indovina）执导的电影配乐，之后他要我帮两部西部片写配乐，我说除非另外给我两部不是西部片的电影，否则我就不答应。因为在跟莱昂内合作造成轰动之后，我担心会被人定型，认为我只适合做西部片的音乐。直到今天还有很多人高估了我做的西部片配乐数量。我有一次仔细算过，发现一共写了三十六部西部片的配乐，差不多占总数量的百分之八。

○ 你必须常跟人协商，以便获得非西部片的电影配乐工作吗？

● 对，尤其在那几年。因为如此，我才跟导演马尔科·费雷里（Marco Ferreri）合作了《玛格丽特的后宫》（*L'harem*，1967）。制片找我帮一个西部片写配乐，《玛格丽特的后宫》是我额外争取到的。可惜我的要求让事情变得很不开心，费雷里认为他是被迫接受我的，老实说，我能理解他的想法。

○ 合作的结果如何？

● 不太好。他只给我很空泛的指示，例如："我要一段吉他，还有温柔的萨克斯风。"他的态度很高傲，我们的意见老是相左。最后他对配乐很赞赏，但依然保持冷淡的姿态。跟导演格朗松·吉拉尔迪（Granco Giraldi）的情况很类似，我跟他合作了《七虎断魂枪》（*Seven Guns for the MacGregors*，1966）和《七枪客》（*7 Women for the MacGregors*，1967），但不是他找我的，而是制片，跟《荒野大镖客》是同一个制片。我不能拒绝，不过吉拉尔迪的个性跟费雷里不同，虽然有这个问题，但后来我们合作还是很愉快。

○ 你只合作过一次的导演是弗朗西斯科·罗西（Francesco Rosi）。

● 我们合作的电影是《忘却巴勒莫》（*Dimenticare Palermo*，

1990）。让我印象深刻的是，他对所有细节都很坚持，参与录音、混音时都全神贯注，令人难忘。

○ 除了少数例外，基本上你提到合作过的导演时，总是十分肯定。

● 我运气很好，或许是因为我懂得跟导演沟通，不过有时候冲突并不是坏事。

○ 什么意思？

● 我跟几位导演是好朋友，但我最好的作品都不是为他们写的。

○ 可以举个例子吗？

● 卡洛·利扎尼（Carlo Lizzani），我跟他合作了六七部电影，但在音乐上没有什么精彩的对话。还有坎帕尼莱也一样，他很讨人喜欢。或许他们两个很信任我，也很尊重我，但是合作过程中太缺乏火花。冲突是有益的，我不喜欢工作时没有建设性的对话。我之前跟你说过，我告诉坎帕尼莱说，他在录音的时候至少要来一次，否则我再也不要跟他合作。他回答我说，跟摄影、布景或编剧不同的是，在给了最高指导原则之后，音乐是最不受控的。他说的这番话我想了很久，得到的结论是，恐怕他说的是对的。

○ 从这个观点出发，跟唐·西格尔的合作经验如何？

● 跟他也没有太多交流，或许是我的英文不好。在答应帮《烈女镖客》（*Two Mules for Sister Sara*，1970）写配乐之前，克林特·伊斯特伍德打了两次电话给我，我跟你说过，为了尊重莱昂内，我始终没答应他。我之所以答应接下《烈女镖客》，是因为他在那部电影里只负责演出，搭配的女演员是瓦伦·贝蒂的姐姐。

○ 你是说雪莉·麦克雷恩（Shirley MacLaine）？她也是大明星……

● 没错，但对我而言，她就是瓦伦·贝蒂的姐姐。

○ 你想过有一天克林特·伊斯特伍德会变成这么重要的导演吗？

● 老实说，没有。让我感到意外的，除了他的自负，还有他作为创作者的独树一格。他的几部电影，例如《百万美元宝贝》（*Million Dollar Baby*，2004），拍得非常好。

自认糟糕的作品

○ 有些你负责配乐的电影作品很不值一提。遇到很糟的电影剧本邀你做配乐时，你会怎么处理？

● 我要先说明，有一段时间我什么片子都接，除了西部片，原因刚才跟你解释过了。然后我要说的是，我会同样付出专注力、专业度和热情。当然我也知道没有任何电影配乐可以挽救一部烂片。

我帮很多类型的电影写配乐，例如《索朗芝怎么了？》（*What Have You Done to Solange*？，1972），导演是马西莫·达拉马诺（Massimo Dallamano）。再回头看，那部片其实没有很糟。我那时候会答应，是因为我认识达拉马诺，他是《荒野大镖客》的摄影指导。

○ 有没有哪一部电影让你不愿回顾，甚至觉得丢脸的？

● 我想到两部电影，但基于尊重我们不要提导演的名字，一部是《追杀黑帮老大》（*Comandamenti per un gangster*，1968），另一部是《斯大林对妇女做了什么？》（*What Did Stalin Do to Women*？，1969）。

○ 我没听过。

● 很少人知道这两部片。第一部是某武器专家拍的,他想要模仿莱昂内的风格,用慢动作,结果演员看起来好像是在水里演戏。吊诡的是,我很喜欢我帮他写的音乐。第二部则是一个影评人拍的,他骂完了所有类型的电影之后,自己下海拍了一部,我看了五次,始终没看懂。但我得说,这两位导演都十分客气,就为人来说,他们都让我留下很好的回忆。

○ 有几年的时间,你曾经一年接了十八部电影配乐?

● 老实说,这个算法要看片子的发行日期。有时候发行会延迟,时间就重叠了,实际上,我很少一年接超过十二部电影。

○ 仍然是一个月一部电影。

● 或许有人会觉得诧异,但我总是举巴赫的例子,他一个星期就可以写一首清唱剧,还在教堂演唱。我跟他比的话,根本是无业游民。作曲家就该写曲,跟作家就该专心写作一样。

○ 你知道有一本美国百科全书说你有时候会用皮奥瓦尼当笔名作曲吗?

● 我知道,这对皮奥瓦尼跟我来说都很不公平。我跟他一起出面否认过,每次有机会我也都会说。

○ 你有用过笔名吗?

● 两个:达恩·萨维奥(Dan Savio)和莱奥·尼科尔斯(Leo Nichols)。

○ 为什么选这两个名字?

12 笔名：达恩·萨维奥和莱昂·尼科尔斯

● 达恩·萨维奥全部连在一起写，是我太太一个朋友的姓氏。莱昂·尼科尔斯则是向大师尼古拉[1]致敬，他女儿叫雷亚。

○ 你常用这两个名字吗？

● 很少。只有德·劳伦提斯的几部片，莱昂内的第一部片，还有利扎尼的一部片，他自己也用了另外一个名字。[2]

○ 你的曲子有没有被拒绝过？

● 有一次，一个叫维森特·沃德（Vicent Ward）的导演联络我，他准备找罗宾·威廉姆斯（Robin Williams）拍一部电影[3]。我跟他在洛杉矶碰面，他是一个情感很丰富的导演，我记得他一边跟我说剧情，一边哭个不停。我深受感动，开始投入工作。有一天制片找我，说我的音乐太沉重了，我很傻眼，因为我本来就很少写轻快的音乐。或许是导演经验不足，我不知道，结果是他们付了钱，但没有用我的作品。

○ 你有再拿出来用吗？

● 没有，我连谱都找不到了。我并不常用被淘汰的作品，除非是广播电台的音乐。关于这个，我要跟你说一件趣事：莱昂内每次都要我拿其他导演不要的曲子给他听。你知道的，每个主题我都会写至少五个版本，所以累积的素材数量惊人。莱昂内很爱批评其他导演的选择，他跟我说："他们怎么会淘汰这个？"然后一边笑，一边尖酸刻薄地批评他的同行。

○ 另外一个你只合作过一次的导演，是拍摄《洛丽塔》的阿德里安·莱恩。

● 他到罗马来听配乐，我用钢琴弹给他听。我之前跟你描述过，他告诉我:"是不错,但不够隽永。"我之所以再说一次,是因为那对我而言是很重要的一课。我明白他并不喜欢,所以另外重写,写得更好。

○ 你跟莱恩合作的经验如何?

● 他是对话很有建设性的代表。我记得他有一场同性恋的戏不让我看,到今天我还不懂为什么。我们之间的关系很好,我还在录音室里当场写了一首曲子。最近一次是发生在录《巴阿里亚》配乐的时候,它的片尾曲也是在录音室里完成的。

○ 今天谈话的最后,我想再聊一点政治。

● 我从来没有认真打算过要从政,我跟你说了我很敬重韦尔特罗尼和鲁泰利。但直到今天为止,我还无法相信自己只是因为签署了一份选举白皮书,就变成了党内选举名单上的人选之一!更让我觉得匪夷所思的是,我居然还得到了很多票!后来我跟韦尔特罗尼谈过这件事,我并不想从政。他完全能体谅,说我的才华是在音乐方面,我应该留在这个领域里。

○ 这就是我想要再拿出来谈的:上次我问关于你帮天主教民主党写了竞选歌曲的事情,我觉得你似乎想转移话题……

● 没有,怎么会?当时天主教民主党秘书长是奇里亚科·德·米塔(Ciriaco De Mita),来找我的是费迪南多·卡西尼和西尔维娅·科斯塔。那一次的交谈也很有建设性。科斯塔要求我降低最后面的管弦乐团音量,好让歌词听得更清楚,但后来她还是说,我原来的构思是好的。

○ 有人因为你替政党作曲而批评你吗?

● 从来没有人敢这么做。

注 释

1. 布鲁诺·尼古拉（Bruno Nicolai，1926—1991），意大利作曲家、指挥家、音乐杂志总编辑。为八十多部电影、电视作品做配乐，另有室内乐、交响乐作品。跟莫里康内有多年电影配乐合作情谊。
2. 指的是《群山染赤》（*The Hills Run Red*，1966），是跟随莱昂内西部片脚步的同类型电影。导演利扎尼用假名"Lee W. Beaver"，莫里康内则用了"Leo Nichols"。
3. 指《美梦成真》（*What Dreams May Come*，1998）。

13　俄罗斯棋王史巴斯基的开局让棋

莫里康内：那局一结束，史巴斯基就跟我说："我今天下得很糟。"我回答说："要不然我怎么可能会跟你和棋！"其实我心里乐坏了，同时又难掩紧张，因为我没有时间把最后几步写下来。

剽窃事件/爱上国际象棋

2010年5月25日，星期二

今天阳光明媚，很热，仿佛夏天。

我们上次见面的时候聊了足球，球赛在这几个星期中有了戏剧性的发展。罗马队领先国际米兰队，却在自己的主场输给了热那亚的客队桑普多利亚，所以排名被超越。不到二十天的时间，国际米兰队抱走了意大利杯，赢了意甲联赛，带回了欧冠奖杯，从来没有一个意大利足球队有过如此辉煌的纪录。作为国际米兰的球迷，我雀跃不已，但并不想对莫里康内炫耀。他来迎接我的时候，眼神中带着嘲讽，也有淡淡的忧伤。今天表妹蒂塔陪我来，她要我给她个就近认识偶像的机会，交换条件是帮我做笔记。

莫里康内彬彬有礼地跟蒂塔打了招呼，问她是否要咖啡。蒂塔说好的时候，他很高兴，还亲自去煮了咖啡，因为佣人不在，太太那时候刚好在忙。

等他端着咖啡回来的时候，他承认说："国际米兰队的确是比较强的队伍。不过罗马队这次踢得不错，曾经有一度看起来颇具冠军相，却在自己家里把机会拱手让给了桑普多利亚队，还有就是延长赛的时候让卡利亚里队进了两个球。"

剽窃事件

看得出来,他并不想继续谈足球这个话题。我恭喜他的《巴阿里亚》电影配乐拿了一座戴维奖,那是他职业生涯中的第九座。他谢谢我,跟我说:"他们刚通知我得了银缎带奖,是第十座,但我们还不能对外公开。不过保拉音乐奖已经正式宣布了,我在8月31日会去斯德哥尔摩领奖。"

我问他保拉奖有没有奖金,他说:"一百万克朗,折合欧元差不多是十万。"

莫里康内面露微笑,我趁机切入主题。

○ 莫里康内,今天我想谈的话题比较敏感,是关于剽窃的。

● 为什么敏感?我很乐意谈这个问题。首先,我完全同意尼诺·罗塔说过的一句话:"没有什么剽窃问题。"调性音乐中所有可能的音乐组合都已经被用过了。

○ 你有没有因为剽窃问题而打官司的?

● 打官司没有。但我有三个案子和解收场。律师太懒惰,都倾向用这种方式解决。但我要说明的是,其中两件事我过了很久之后才知道。

○ 先谈谈第一个。

● 跟《荒野大镖客》有关。有一个音乐人主张这部电影的主题音乐跟一首歌《牙买加》(*Giamaica*)几乎一模一样,那首歌的作者是歌手乔治·孔索利尼(Giorgio Consolini)。

○ 是真的吗？

● 对，他说的一点儿都没错。问题是我并不知道这首歌，却写出了像到极点的主旋律。

○ 你觉得内疚吗？

● 不会，我不是有心的，但曲子真的一模一样，尤其是开头。

○ 后来怎么解决？

● 那个音乐人，我不记得他叫什么名字了，跑去找《荒野大镖客》的制片格里马尔迪要钱，好像是二十到三十万里拉。我很多年之后才知道这件事。

○ 第二个案子也是在你不知情的情况下，写出了跟原本就有的曲子类似的旋律吗？

● 这个案子比较复杂。那是詹弗兰科·德·博西奥（Gianfranco De Bosio）执导的电视剧《摩西》(*Mose*, 1974)，主角是美国演员伯特·兰开斯特（Burt Lancaster）。剧组里有一位以色列作曲家叫多夫·塞尔泽（Dov Selzer），负责芭蕾舞的配乐。他的音乐很有活力，他要求我不要把他的东西换掉，我乐意照做。

看着拍好的影片，我注意到有一幕是摩西的兄长亚伦在唱歌，歌曲有三个音，覆诵了三次"以色列"。我觉得搭配得很好，就问塞尔泽那是怎么来的。他回答我说是传统犹太音乐，于是我决定把这一段加入影集的音乐主旋律里。等影片拍完后，塞尔泽打电话给我，坚称那是他的原创作品，我想要解释给他听，但他完全不予理会。后来和解的结果是，塞尔泽跟我共同挂名《摩西主旋律》(*Tema di Mose*)的作者。我认为那是他无理取闹、恩将仇报。

○ 第三个案子呢？

● 电影《虎凤假凰》（*La Cage aux Folles II*，1980）中，有一个演员唱歌时要打扮得很像女演员玛琳·黛德丽（Marlene Dietrich），制片马塞尔·达农（Marcel Danon）跟我说，没有预算买《蓝天使》（*The Blue Angel*，1930）的版权，他叫我参考那部电影的音乐写一首曲子，我写了三首，分别注明如下：一、非常危险；二、比较不危险；三、绝对不危险。你猜猜看达农选了哪一首？

○ 非常危险的那首。

● 没错，结果《蓝天使》的音乐版权所有人来找片商，不过达农很厉害，他居然让发行原声带的唱片公司 CAM 付了这笔版权费。这件事，我也是很久之后才晓得的。

○ 有没有人剽窃过你的作品？

● 很多，但我从来不告人家。你不要问我他们的名字，我已经原谅他们了。我的音乐类型和配乐组合很容易辨认。

○ 你为什么不告他们？

● 我认为这是外行人做的事：以为自己的旋律是凭空从天上掉下来的，就跟莫扎特一样。我再说一次，被人指责有剽窃嫌疑很容易。说到这里，我想到一件事：我被找去当意大利歌手阿尔巴诺控告迈克尔·杰克逊剽窃一案[1]的顾问，我拒绝了。我解释说我会站在迈克尔·杰克逊那边，因为我基本上觉得找麻烦的人有错。我认为受欢迎的曲目本来就不可避免会被人改写再用，就我个人来说，如果我想要写一首与众不同的音乐，就会在音程、休止、特色和高音上力求变化。

○ 你认为应该要给予剽窃的自由？

● 与其说给予自由，不如说是接受不同人写出雷同旋律的可能。关于这点，莫扎特的第十号钢琴奏鸣曲第二乐章和威尔第歌剧《弄臣》中的《女子皆善变》（Donna è mobile）几乎一样。我不认为是威尔第剽窃了莫扎特的作品。

爱上国际象棋

○ 我们换个话题，我想要聊聊你对国际象棋的热爱。据说你的棋艺十分高明？

● 千万别这么写，我们会被全世界耻笑的。我确实热爱国际象棋，也从中得到小小的成就感。

○ 你从什么时候开始接触国际象棋？

● 十八岁那年，我在柯索街的书报摊上买了萨尔维奥利[2]写的一本书，就自己学会了下棋。我在很短时间内就爱上了国际象棋，那时候到处找年龄相仿的人下棋。

后来父亲阻止我再玩下去，怪我不专心在音乐上。我到三十岁之前都没有再下棋，而一重新开始我就报名参加了在台伯河畔举办的一场比赛。我到现在还清楚地记得：我的对手采取西西里防御[3]，我开局就犯错，输得很惨。那真是兵败如山倒，但我没有因此丧气，开始跟另一位棋手陶陶伊上课，他是多届意大利国际象棋冠军。我让全家都跟着我一起学棋，但只有安德烈亚爱上了国际象棋。我变成全国第二级的棋手，开始玩俗称的"快棋"，也就是下棋速度要比快，以时间论输赢。我的棋艺一转眼就每况愈下，幸好我重拾了对传统国际象棋的欲望跟信心，还很荣幸同时跟卡尔波夫和卡斯帕罗夫两位棋王对弈过几次车轮战，我当然都是输，但这些挑战我会开心地记一辈子。当然最光荣的莫过于跟棋王史巴斯基对弈平局。

○ 那是什么情况？

● 是十多年前的事，当然也是车轮战。他以王翼弃兵[4]开局，那种开局很要命，我向来很讨厌。在第五步的时候，我想到了博比·费希尔发明的一招，没想到居然就逼和了。其他人都结束了，大家开始围过来看我们对弈，再走了几步之后，我们两个都在同一个位子重复走了三次，这在国际象棋里就叫"和棋"。那局一结束，史巴斯基就跟我说："我今天下得很糟。"我回答说："要不然我怎么可能会跟你和棋！"其实我心里乐坏了，同时又难掩紧张，因为我没有时间把最后几步写下来。我永远也没办法重现那场比赛的结尾，对我而言那是历史性的一刻。

○ 你记得的史巴斯基是什么样的人？

● 他下棋的时候非常果断，但是私底下是个很温和、腼腆的人。他不知道受了费希尔多少气。[5]在我的棋手生涯中，还跟朱迪特·波尔加[6]比赛过，输了，她当时怀有身孕。还有彼得·莱科[7]，我去布达佩斯演出的时候，他给我机会跟他对弈，过程中我犯了一个大错，输得一败涂地，他知道是我一时疏忽，立刻再下一局让我雪耻，结果我还是输了。

○ 你觉得音乐跟国际象棋有关联吗？

● 当然有，我在两者身上都看到了数学组合。开局之后，对手有十次机会，轮到白棋的时候，布局的变化就会倍增。这总是让我想到音乐组合，还有对位法。像塔伊曼诺夫[8]既是优秀的音乐家，也是优秀的棋手，这并非偶然。

○ 你最喜欢的棋手是谁？

● 我刚说的费希尔，不过他难以仿效，不按牌理出牌，总能够推陈出新，出乎大家意料。意大利的棋手中，我记得的是阿尔维斯·齐基基（Alvise Zichichi），他跟捷克棋手弗拉斯季米尔·霍特（Vlastimil Hort）对弈时，牺牲王后换取了最后的胜利，这一步下得很大胆。比赛结束后，霍特还特别去跟齐基基握手。

○ 你还下棋吗？

● 我自己一个人下，跟一个国际象棋电子游戏摩菲斯（Mephisto）下棋。我每次都输，最近五十次我只赢了一次，两次和局。

○ 我觉得今天你好像特别愿意谈自己的恐惧跟弱点。

● 你想听的话，我可以跟你说说我在录音室里的焦虑。逼自己拿出最好的，既要满足导演的要求，又要维持自主性，还要担心能不能找到合适的管弦乐团乐手。每次我都会亲自挑选乐团，但有时候你知道某些人的状况并不好。

○ 那时候你怎么办？

● 我尽量避免让对方感到有压力，但如果是独奏乐手，有时候只好修改我自己。

○ 什么意思？

● 我会删掉那个人演奏的部分。

○ 这个解决办法不会太极端吗？
● 我宁愿如此，总好过让整场演奏会毁掉。

○ 你的演奏会上，乐团人数通常是多少？
● 九十三人到九十五人。

○ 你遇过最热情的观众在哪里？
● 南美的观众非常热情，日本的也很好，他们会越鼓掌越大声。

○ 你从来没遇过冷漠的观众吗？
● 记得有一年，我在米兰主教堂前广场上有一场音乐会，广场上满满都是人，但整场音乐会下来，我没有听到任何反应，就连微弱的掌声都没有。我越指挥越火大，到最后在心里跟自己说："我连一首安可曲都不给，他们不配。"结果有一个乐手跟我说："不要看地上，你看灯光。"直到那时候，我才发现米兰正下着倾盆大雨，每个人都撑着伞在听，所以没办法鼓掌。后来我们演奏了三首安可曲，满腔热血。

莫里康内露出微笑，我明白那段记忆让他很感动。

我该告辞了，他跟蒂塔热情道别后送我们到门口。她问莫里康内这段时间在写什么。

● 是电视版的《菲萝美娜耍心机》（*Filomena Marturano*），导演是马西莫·拉涅里（Massimo Ranieri），男女主角分别是马里亚吉拉·梅拉托（Mariangela Melato）和贾恩卡洛·詹尼尼（Giancarlo Giannini）。

蒂塔先感谢莫里康内给她这个机会跟他共度两个小时的时光,然后我们就在楼梯口告别了。

我们走了出来,发现罗马艳阳高照。

注　释

1. 1992年意大利创作歌手阿尔巴诺（Albano，1943— ）控告迈克尔·杰克逊1991年发行的专辑 *Dangerous* 中的歌曲 "*Will You Be There*" 涉嫌抄袭他1987年发表的歌曲《巴拉卡天鹅》（*I Cigni Di Balaka*）。迈克尔·杰克逊的专辑因此在意大利遭到扣押，不得贩卖。1994年第一次开庭后，因迈克尔·杰克逊表达愿亲自出庭而解除扣押。1997年迈克尔·杰克逊赴罗马出庭，确认两首曲子在副歌部分有连续三十七个音完全相同，判决剽窃罪名成立，迈克尔·杰克逊被罚款四百万里拉，但不需支付阿尔巴诺要求的五十亿里拉损失赔偿。然而，之后米兰上诉法庭则裁定这两首歌皆参考了没有版权的美国原住民民谣 "*Bless You For Being An Angel*"，因此阿尔巴诺必须支付所有诉讼费用，但最后迈克尔·杰克逊代为付款，并承诺要跟阿尔巴诺合办帮助受虐儿的演唱会，可惜迈克尔·杰克逊随即被娈童案缠身，承诺未能实现。
2. 卡罗洛·萨尔维奥利（Carolo Salvioli，1848—1930），意大利业余国际象棋手，于1881年赢得意大利国际象棋冠军。有多本著作，其中《国际象棋理论与实务》（*Teoria E Pratica del Giuoco Degli Scacchi*）是第一本以意大利文撰写的国际象棋专书。
3. 西西里防御是国际象棋的开局之一，因发表此开局的人是西西里人而名之。属于半开放性开局，黑方直接在中心区域发动攻击，但双方都必须精确计算。
4. 王翼弃兵是最古老的国际象棋开局之一，属于开放性开局，白方一开局就攻击对方的中心兵，于19世纪风靡一时。
5. 1972年，费希尔挑战世界国际象棋冠军头衔，比赛中态度轻蔑，中途曾弃权，接受对方悔棋，最后赢得冠军，但颁奖时迟到了一个小时才到典礼现场。
6. 朱迪特·波尔加（Judit Polgar，1976— ），匈牙利国际象棋大师，被公认为史上最强的国际象棋女棋手。接受国际象棋联合会授予国际大师认证时，年仅十五岁。
7. 彼得·莱科（Peter Lékó，1979— ），匈牙利国际国际象棋大师，目前名列世界第九名。接受国际象棋联合会授予的大师认证时，年仅十四岁。
8. 马克·叶夫根诺夫·塔伊曼诺夫（Mark Evgenovič Tajmanov，1926— ），苏联国际象棋棋手，1946年至1956年间排名世界十大棋手，1952年接受国际象棋联合会授予国际大师认证。1971年与费希尔对弈，六局皆败，苏联领导认为有损国家尊严，对塔伊曼诺夫进行经济控管，并禁止他出国，两年才解禁。他也是优秀的钢琴家，曾录制多张演奏专辑。

14 电影音乐要简单明了

莫里康内：我试着把所有这些东西都放进去，结果是一段很可怕的音乐。仅仅二十秒的时间，电影配乐不可能传达出太多信息跟感觉。电影音乐需要简单明了。

那不勒斯电影节/满意与丢脸的作品

2010 年 6 月 11 日，星期五

我在那不勒斯。五年来我都应邀主持这里的电影节座谈会，电影节主办人是马里奥·维奥利尼（Mario Violini）和达维德·阿佐利尼（Davide Azzolini），阿佐利尼跟我情同手足，我们一起经历过很多事情。昨天的主角是乔纳森·德（Jonathan Demme），今晚的主角是莫里康内。今天很热，热浪笼罩着整座城市。白天我都在准备对谈时要播放的画面。第一次筛选的结果一共有二十三段影像，是平常在这类场合播放影像数量的三倍。但我随即理解，要减少影像数量十分困难，因为就是有这么多影像跟音乐。我决定从《阿隆桑芳》的影像开始，问一个跟昆汀·塔伦蒂诺有关的问题，他在《无耻混蛋》中用了同样的音乐。之后是莱昂内的《神机妙算》（*Le Clan des Siciliens*，1969）、《对一个不容怀疑的公民的调查》《教会》《阿尔吉尔之战》《铁面无私》和托纳托雷的电影作品。最后我还是有十四段影像要放，没办法再减少，数量比正常多了一倍。但我决定冒险，就不要管时间了。

那不勒斯电影节

莫里康内早上稍晚会坐火车来，我们约了共进午餐，我去找他的时候才想到，我们从来没有一起吃过饭。我看他这趟旅行有点累，但很高兴来到那不勒斯。我们都点了蟹肉扁面，在等服务生送餐的时候，莫里康内跟我说："那不勒斯人绝顶聪明，这聪明会用在好的地方，也会用在坏的地方。"阿佐利尼跟我们一起用餐，解释说对谈结束后，在同一个场地，也就是在圣埃尔默城堡会播映《荒野大镖客》。莫里康内露出一个奇怪的表情，说："为什么要放那部？那是莱昂内跟我最糟的作品。"

我们不知道该说什么，莫里康内接着说："不只有我这么说，莱昂内也这么说。蒙达也知道，我跟他说过，有一次我跟莱昂内一起去奎立纳雷电影院看《荒野大镖客》，那时候已经上映一年了，始终还在首轮戏院播放，我们一方面觉得很骄傲，一方面又对电影质量很失望。"

这件事我记得很清楚，但还是不知道要说什么，因为我并没有参与选片，这个结果我也是当场才被告知的。阿佐利尼转移话题，问莫里康内认为莱昂内最好的作品是哪一部，他毫不犹豫回答说是《美国往事》，还有《西部往事》。

于是我接着问，他最欣赏的年轻导演是谁，莫里康内再次毫不犹豫地回答说："保罗·索伦蒂诺（Paolo Sorrentino）。"

之后他跟我们谈起在上海的音乐会，他说他很满意，虽然"合唱团表现普通"。然后跟我说，他通过 Skype 看到了在美国的小孙子卢卡，还聊起了孩子的事情。他跟平常一样话不多，但不时冒出几句重复的方言，透露出浓浓的情感。

吃完面，他点了水果，之后开口要求我主持他的记者会。这在我的意料之外，但我欣然同意了。

记者会现场挤满了人，我简单介绍了莫里康内，说明记者会的进行方式，转述了刚才他跟我说的关于索伦蒂诺的事。莫里康内说他要补充几句话:"我一直觉得我还可以给电影更多,但我想这未必办得到,因为老实说没有人有此需要。电影需要跟受众沟通,音乐不应该从中制造问题。我们这份工作并不容易,有的东西除非导演同意,否则窒碍难行。蒙达大概听我说过很多次,我跟贝多利合作《乡间僻静处》的时候,还有跟阿基多合作的时候,都能充分展现自我,我当时提出了结构音乐、即兴音乐和表情音乐的构想。"

有一个记者问到他跟托纳托雷、莱昂内和贝托鲁奇合作的事,称他们是他共事过的导演中最伟大的几位。

莫里康内对这个说法颇不以为然,他说他只跟处得来的导演合作,并解释说如果跟某位导演只合作一次,就表示他们有些不中意。有时候冲突不会立刻发生,例如跟罗伯托·法恩扎(Roberto Faenza)就是如此。莫里康内说自己非常尊敬法恩扎,可是最后几次合作,法恩扎似乎对他提出的想法不太满意。不过他们在合作电影《势力扩张》(*Escalation*, 1968)的时候,莫里康内还是做了各种奇怪声音的实验,除了片尾的丧礼那场戏,法恩扎明确要求要用爵士乐。他最后的结论是:"有时候最理所当然的选择,就是最正确的选择。"

有一个记者问他会不会到那不勒斯的圣卡罗音乐厅演出,莫里康内毫不留情地回答说:"永远不会。我为帕尔泰诺佩神话[1]写了一首五十分钟长的曲子,那故事是叙述那不勒斯和那不勒斯湾如何诞生的,圣卡罗始终没有邀请我,我很生气,来邀请我的是西西里巴勒莫的马西莫音乐厅,但我决定自己留着。"

记者振笔如飞,大家心里有数,明天的报纸会有很劲爆的标题。其他问题匆匆带过,没有什么太大的爆点,最后在回答关于奥斯卡终身成就奖的内心感动时,莫里康内决定朗诵德·切尔基亚拉[2]的一首诗,说他跟雅各布布尼·达·托迪[3]并驾齐驱,之后就开始用标准的罗马方言朗读,结尾时表现得十分慷慨激昂。

焚风

你感受，那沉闷的空气
让人头痛欲裂
焚风带来狂风暴雨
天色阴郁却不决堤
降下甘露、甘露
甘露后大雨落下
倾盆倒下狂暴骤雨
雨水打在身上
彷佛烈火焚身

一声嘶吼伴随
如冰雹般落下的喜悦
融化了天空和爱
卷云滚滚随风来
让我浑身湿透
……

满意与丢脸的作品

两个小时后，我们再度碰头。莫里康内让我到他下榻的饭店套房找他。世界杯足球赛的开幕赛刚结束，东道国南非队原本领先，但最后跟墨西哥队踢成平手。莫里康内看了这场比赛，但他期待的是意大利队登场，时间是下个星期一。

我跟他说我想从意大利新生代导演开始谈起。

● 我认为索伦蒂诺是最有才华的一个。我只看过他两部片子，都让我印象深刻：《爱的代价》（*The Consequences of Love*，2004）拍得很棒，另外一部是《大牌明星》（*Il divo: La spettacolare vita di Giulio Andreotti*，2008）。有一次我遇到他，对他表达赞美之意后，我说："实话实说，我一点都不想跟你合作。"他觉得很有趣，但我是认真的。

○ 年轻导演中，你还欣赏谁？
● 我认为马泰奥·加罗内（Matteo Garrone）也很优秀，《格莫拉》（*Gomorra*，2008）是很重要的一部电影。

○ 你对这几年意大利电影的改变有什么看法？
● 到2011年2月我做电影配乐就要满五十年了。最明显的改变是相较于以往，电影产量锐减。电影式微，电视崛起，电影的语汇也改变了，变得更精英走向，这未必是件好事。

○ 这些年来，你的电影配乐作品跟纯音乐是否有时候趋近，有时候疏离？
● 当然，从《乡间僻静处》开始，我谈到的所有电影都是这样的。

○ 有没有哪个导演让你在音乐上有所收获？
● 其实，跟任何一个导演合作都会有收获。每个导演都会给我不同的、出乎意料的东西，即便吉洛·彭特克沃在《阿尔吉尔之战》做配乐的时候提出的想法非常吓人，也同样是一个刺激。后来我把他的想法谱写成管弦乐谱，并发展出不同变奏，但原创者依然是他。

○ 有没有你不满意的音乐作品？

● 没有,老实说没有。但我跟你说,看到《乡间僻静处》票房成绩不佳的时候,我跟制片格里马尔迪提议说我愿意免费重写配乐。我自己非常喜欢原本的配乐,认为那是我最好的作品之一,但是我不能对我的抽象音乐可能造成观众热情冷却视而不见。

○ 如果我要你说出三支最具代表性的作品,有可能吗?
● 我拒绝回答,因为不可能回答。

○ 我辛苦工作了一年,我想我有权问这个问题。

莫里康内犹豫了很久,最后叹了一口气,决定让步。他说:

● 《教会》中的《奉行在人间,如同在天上》、《美国往事》中的《黛博拉之歌》,以及托纳托雷的电影《幽国车站》、《海上钢琴师》、《巴阿里亚》三选一,或三个都选。

○ 今天我想问几个比较失礼的问题,再回头谈你特别欣赏的音乐家。
● 听到这里,我不觉得有任何失礼的地方。我很欣赏克里韦利,他是很棒的作曲家,我想我之前已经提过他的名字了。

○ 对,但我想知道的是你的学生。
● 安东尼奥·波切(Antonio Poce),在弗罗西诺内(Frosinone)音乐学院跟我学了三年。

○ 你曾经发现过某些同侪受到你作品的影响吗?

● 有，偶尔会，我也知道他们对这个影响的看法是什么。

○ 你有没有已经完成的被你丢掉的音乐作品？

● 只有一次，萨尔切在拍电影《一女一百万》（A Girl and a Million，1962）的时候，要求我作一段二十秒的音乐，来衬托剧中人物的心情：他站在一个空无一物的房间里，他热爱山，是鳏夫，肚子很饿，人很绝望。我试着把所有这些东西都放进去，结果是一段很可怕的音乐。仅仅二十秒的时间，电影配乐不可能传达出太多信息跟感觉。电影音乐需要简单明了。我当时刚开始做电影配乐，还很天真，但马上就发现事情不对了。或许纯音乐有可能做到，例如韦伯恩写的那些小曲。还有一次，导演杜乔·泰萨里（Duccio Tessari）为了电影《G力》（Forza "G"，1971）要求我做一段介于《墨西哥进行曲》和民谣《巴萨诺桥之歌》（Il ponte di Bassano）之间的音乐，那时候我比较有经验了，就跟他说："在这两个之间选一个吧。"

○ 有一次你跟我说，你写了一首曲子叫《Go-car 赛车扭一扭》，觉得很丢脸。

● 那首歌写得真的很糟，但是今天就坦白跟你说吧，那不是唯一一首让我觉得丢脸的曲子，我指的是流行曲……

○ 我想我不能错过这个机会，请告诉我还有哪一首？

● 喔，还有一首歌是为意大利歌手米尔瓦（Milva）写的，歌名是《四件衣服》（Quattro Vestiti），蛮糟糕的一首歌。你想想看，歌曲中间还穿插了一段约翰内斯·勃拉姆斯（Johannes Brahms）的匈牙利舞曲，很恐怖。不只恐怖，比那还糟，是平庸。原始想法是作词人兼唱片制作人佛朗哥·米利亚奇（Franco Migliacci）的，但我要为这首歌的失败负全责。

○ 你有没有为自己写过音乐？

● 一个就是刚才在记者会上说的那首《帕尔泰诺佩》(*Partenope*)，我原本希望能有机会公开演奏。年轻的时候，我写过一些曲子，灵感来自于萨尔瓦托雷·夸西莫多（Salvatore Quasimodo）的诗，还有其他作家如切萨雷·帕韦塞（Cesare Pavese）、多梅尼科·格洛尼奥利（Domenico Gnoli）、福子（Fukuko）、贾科莫·莱奥帕尔迪的作品。但这些曲子都没有演奏过，我想应该永远不会演奏了吧。

○ 你对那几支作品满意吗？

● 有的很疯狂，或许是因为我那时候不够成熟。有一次我写了一段音乐，灵感来自某个业余诗人，我不记得他的名字了，那首诗的第一句是："我们心中处处是距离"，那首诗很美，写山、写景、写河，但这些其实全都在我们身体里。

○ 可以谈谈音乐界让你觉得最失望的是什么吗？

● 有一件事让我觉得匪夷所思，那就是我发现很多作曲家，尤其是美国作曲家，不为自己的曲编写管弦乐谱。我不想说名字，但其中不乏知名、重量级的音乐家。我对这点感到不解，也让我重新评估那些我原本认为是伟大音乐人的真实价值。

那不勒斯电影节的莫里康内对谈会很成功，圣埃尔默城堡里挤满了人，莫里康内进场和离场的时候都获得听众起立鼓掌。每一个段落结束后，都有久久不歇的掌声。

最让人感动的时刻是他向大家解释自己如何运用暗藏在巴赫名字

里的音符将之放入《神机妙算》主题曲里的时候。莫里康内在舞台上的表现很幽默、活泼，最后他本人也因大家的热情而感动不已。

活动结束后，我们去派科饭店吃晚餐，时间不早了，只有我们几个在用餐，阿佐利尼跟妻子芭芭拉，还有另一位主办人马里奥·维奥利尼也都来了。随后我表妹蒂塔也来了，她特别跟先生安东尼奥一起赶来那不勒斯，她先生也是音乐家，而且是莫里康内的大粉丝。

莫里康内兴致高昂，陪我们留到很晚，一一回答我们这些粉丝的问题。他直到深夜一点才说得去休息了，向大家解释说他就寝时间向来不超过十点。

第二天我们一起搭火车离开。星期六早晨的那不勒斯很平静。所有报纸都以显著篇幅报道莫里康内对圣卡罗音乐厅的意见，还有音乐厅特任总监萨尔沃·纳斯塔西（Salvo Nastasi）的回应，他是莫里康内说的那件事发生后多年才到任的。纳斯塔西说，他会立刻积极联络大师，讨论演出的可行性，并称莫里康内为天才音乐家。

莫里康内翻开数份报纸，全都在讨论世界杯足球赛开幕和监听法的相关新闻[4]。他还买了《体育邮报》（Corriere dello Sport）。我问他对他的罗马队买下数年前曾为我的国际米兰队效力的巴西籍球员阿德里亚诺·莱特·里贝罗（Adriano Leite Ribeiro）有什么看法。他回答说："他很强，但重要的是有没有人能驯服他。"

注　释

1　该神话叙述女妖帕尔泰诺佩（Partenope）向奥德赛示爱遭到拒绝后，愤而投海自尽，死后身体被冲到今天的那不勒斯所在地，隆起的身躯便是那不勒斯城，周围则形成那不勒斯湾。

2　吉戈·德·切尔基亚拉（Ghigo De Chiara，1921—1995），意大利戏剧家、文学评论家，曾担任多部电影的编剧。曾与莫里康内合作谱写意大利知名女歌手米娜（Mina）的歌曲《长青》（*Evergreen*）。

3　雅各布布尼·达·托迪（Jacopone da Todi，1233—1306），意大利中世纪宗教家、诗人，被认为是意大利宗教颂歌和文学史的代表人物之一。

4　意大利媒体于2006年披露2004年意大利警方监听了意大利足联委员会的电话，发现尤文图斯队前经理卢恰诺·莫吉（Luciano Moggi）涉嫌串通贿赂足协成员，安排对尤文图斯队有利的裁判人选，后续查出涉及违法的球队还包括AC米兰、拉齐奥等队，在国内引发轩然大波。意大利总理同样因被监听而有多起丑闻曝光。然而监听也严重违反个人隐私权，2010年5月底，意大利议会以保障个人隐私为由提出《监听法》，规定媒体必须等到检方正式提出公诉，否则不得报道侦查中的案件，此外，监听对象如为政治人物或神职人员须经过特别申请。此法被检察署批评为恐增加办案困难，媒体亦质疑有碍新闻自由。

15 音乐是社会的一面镜子

莫里康内：我对你这个问题的答复是，电影配乐太常被忽略，而且从历史角度来看，乐评也犯了很大的错。每一种类型的音乐，无论好坏，都是社会的一面镜子，除了创作音乐的作者，社会也同样孕育了音乐。

再谈纯音乐/另一个世界

2010年6月18日，星期五

今天天气炙热难耐，我到莫里康内家的时候，罗马城快变成空城了。星期五下午，大家都逃到海边，或躲到某个可以消暑的地方待着。我提早了十五分钟抵达，从莫里康内的表情看得出来我把他从午睡中吵醒了。他努力掩饰，不想让我有所察觉，问我既然不要咖啡，是不是来杯果汁呢。我要了一杯水，之后开始闲聊。

前两晚，莫里康内指挥了由罗马音乐学院在罗马音乐厅演出的两场音乐会，十分成功，再度造成极大轰动，虽然只有部分曲目是电影配乐。他跟我说，前一晚在《你将永存》《巴阿里亚》《加布里埃尔的双簧管》三首安可曲之后，他不得不把首席小提琴手带走，才让音乐会结束。他很高兴，但还是宁愿换话题谈别的。他问我有没有看世界杯足球赛，我回答说我真希望能有时间看每场比赛，然后就聊起目前各国的战绩：继西班牙队意外被瑞士队打败、法国队成为墨西哥队足下败将之后，德国队居然也输给了塞尔维亚队。莫里康内跟之前一样，对足球比赛的一切了如指掌，但似乎对这个情况并没有特别讶异，他说他比较关心的是罗马队。我们坐在平日的位置上，每次我把录音机拿出来定位的时候，他总是专注地观察那短暂的技术操作流程。刚开始我以为他只是好奇，后来才明白那其实是他的专业态度，他要确认一切都准备好了,不会有任何差错。

我说我还想多谈谈纯音乐,他回答说:"你知道我对这点是百谈不厌的。"

再谈纯音乐

○ 我想知道相较于电影配乐,你怎么运用纯音乐给你的自由?也就是说,纯音乐是不是更能让你实现自我?

● 我不会从这个角度来想。我想重申我们之前谈过的几个观点。这类音乐是我学作曲的根本理由,那时候我没想到有一天会投入电影配乐工作,我知道很多人都认为电影配乐不过是一种服务业。当然,纯音乐让我更自由,我只需要为自己负责。但是历史经验告诉我们,接受他人委托所写的音乐,或为他人服务所写的音乐,有时候也可以是伟大的音乐。例如海顿(Haydn),他写了上百首交响乐,还有格奥尔格·菲利普·特勒曼(Georg Philipp Telemann),他还专为用餐场合写音乐。亨德尔(Haendel)为施放烟火写曲,巴赫则为弥撒写清唱剧。我跟你说过,我花了九个月的时间准备我的第一场管弦乐音乐会,赚到微薄荒谬的酬劳后,才决定投入电影配乐的。我先做编曲,反应不错,之后才进入电影圈。但我仍时常想到纯音乐没有任何限制,也没有人会要求我什么,不像电影,导演才是握有绝对权力的人。

○ 你不认为限制会激发创造力吗?

● 这一点毋庸置疑,但重要的是要能够超越限制和束缚。说到这里,我想补充一点:音乐不会因为标题起得好就变得很神圣,或因为自己说它祥和,听起来就很祥和。我说过,做电影配乐的时候,我也常常得努力突破限制，有时候导演并不知情，但我想我做到了。

○ 你的纯音乐，以及当代音乐，一般来说不太容易懂，往往需要具备一般人所没有的文化素养和准备。

● 这个伟大的、划时代的变革，起于瓦格纳（Wagner）和他的歌剧作品《特里斯坦与伊索尔德》（*Tristan und Isolde*），然后作曲家开始研究半音阶。在那之前，调性音乐基本上是以七音音阶为主，其中四音属于第五音，让听者的感官有一个支撑点，那几个音重复出现，方便大家理解，是让旋律有所依据的一个阶系。在《特里斯坦与伊索尔德》之后，勋伯格着手让十二音列理论化，进而使其地位提升，与七音列并驾齐驱。几个音的重要地位被剥夺后，带动了音乐的民主机制，有趣的是，这场音乐革命恰好跟许多国家的民主制度兴起同时发生。勋伯格还进一步提出了一个音在其他十一个音出现之前不得重复的理论。那真是一场革命，听了数百年的悦耳旋律之后，突然把最简单的衡量标准废除了，评价的指数只剩下音色、音高和长度，同时也开始重视静默。但这样的音乐自然无法在短时间内提供愉悦感受。也有些作品并没有那么难以理解，例如阿尔班·贝尔格（Alban Berg），他对十二音列的使用比较求自由变通。不过一般来说，我建议在听纯音乐的时候，至少要听两遍。

○ 为什么音乐会突然发生这个变革？

● 是很直接，但不能说是突然。其他艺术的表现形式也都起了革命性的变化，我还是觉得这跟政治、历史发生的变化应该是平行并进的。然后我们今天拥有不和谐音的自由，或者也可以借用一下我们那个团体的名字，也就是"新和音"的自由。

○ 这些音乐家之中，哪几位是你最钦佩的？

● 路易吉·诺诺（Luigi Nono），非常优秀。跟他齐名的有布列兹、卢恰诺·贝里奥（Luciano Berio）、克莱门蒂、格奥尔格·利盖蒂（Georg Ligetti）和施托克豪森。还有我的老师彼得拉西，后来也加入了十二音的行列，但是他的个人特色并未因此而改变。事实上，每个人的个人风格和信奉的事情是无法改变的。

○ 你谈电影配乐时，也可以做出这么细腻的分析吗？

● 我对你这个问题的答复是，电影配乐太常被忽略，而且从历史角度来看，乐评也犯了很大的错。每一种类型的音乐，无论好坏，都是社会的一面镜子，除了创作音乐的作者，社会也同样孕育了音乐。

另一个世界

○ 我们的对谈已经进入尾声，我想我有责任问你一些比较个人的问题。

● 我想，到了这一步，我也没办法抽身了。

○ 你相信人死后有另一个世界吗？

● 看来你还是会回到这个问题上。其实我心里也常常会想到这个问题。我是天主教徒，虽然信教，但我认为没有一种信仰是没有疑惑的。我信奉的宗教告诉我有另外一个世界，那才是真正的人生。没错，我相信，但这并不代表我对此有清楚的概念。有一次，在一场研讨会上，我问一位信教的科学家，一个捐赠了器官的人在天主教所说的复活时刻会发生什么事，他说那是一种象征性的说法。我想了很久，用我自己的逻辑想不出头绪来。我想到的是那句：你本是尘土，也将归于尘土。

然后我又想到自从人类被创造以来所做的暴戾行为，例如罗马人居然想出把人钉上十字架这么残忍的事。无论如何，想到最后，尽管有时候会陷入低潮，但我还是深深被基督和他的教诲感动，而且我看到围绕在基督身边的都是脆弱但仁慈的人，例如彼拉多[1]。即便是对非天主教徒来说，我想基督仍然是历史上的一个重要人物。我常常想到他所带动的革命，从很多角度来看都预告了社会主义，甚至还有共产主义。我想一个真正的基督徒，就不能是一个保守分子。

○ 你喜欢写宗教音乐吗？

● 是，我很喜欢。我刚写完一首男中音演唱的管弦乐曲，名为《耶路撒冷》（*Jerusalem*）。我以三段文字为基础，分别是：《旧约·圣咏集》第七十二章第三节（"愿高山给人民带来和平，愿丘岭为百姓送来公正。"）；《新约·玛窦福音》第五章第九节（"缔造和平的人是有福的，因为他们要称为天主的子女。"）；《可兰经》第十三章，雷鸣（"愿和平降临于你们，因为你们不屈不挠。"）

○ 你对其他宗教有什么看法？

● 我对其他宗教不了解，但我相信宗教本身都是劝人向善的。

○ 你祷告吗？

● 会，有时候我会在意想不到的时候祷告，例如做运动的时候。都是发自内心的祈祷，我自己都没有察觉。

○ 你的孩子都有受洗？

● 对，四个都有受洗，其中两个是在教堂结婚的。

○ 你对他们有什么祝福？

● 希望他们的梦想能实现，希望他们能找到正确的路。你知道的，安德烈亚决定当作曲家，乔瓦尼想当导演。我曾经劝他们放弃，因为我很清楚这个行业有多么艰难。

○ 但是你证明了有志者事竟成！

● 我知道，但过程真的很辛苦。今天音乐和电影这两个产业每况愈下：越来越多业余人士加入，因为对制片而言他们比较便宜。而且意大利正面临严重危机，文化越来越不受重视。最近我遇到德国文化部长，他为了柏林四个管弦乐团和四个合唱团的存续问题伤透脑筋。他讲这些的时候，我想到了罗马，自从意大利广播公司管弦乐团解散之后，这里就只剩下两个管弦乐团了。我跟一位布达佩斯的音乐总监也有过类似的对话，布达佩斯每天晚上都有歌剧演出，他们有一个组织设有固定的两个管弦乐团和两个合唱团，而我们一年只演出六出歌剧。意大利固然有悠久的歌剧传统，但如今已不再是音乐王国了。

告别的时候到了。莫里康内一如以往送我到门口。

除非有特殊状况，为了这本书而进行的对谈到今天就结束了。我正准备走向楼梯口的时候，停了一下，再问他问题。

○ 莫里康内，最后我想要问一个很失礼的问题，希望你不要介意。

● 我知道你迟早要问的。请说。

○ 假设一百年后，你的名字出现在一本百科全书上，你希望如何被定义？

● 你是说怎样的定义最让我满意?

他沉默了一会儿,微笑,然后只说了一句:

● 作曲家。

注　释

1　彼拉多（Pilato），根据《圣经·新约》记载，皮拉托是罗马总督，个性优柔寡断，多次审问基督后，并不认为他有罪，却在仇视基督的犹太宗教领袖压力下，将耶稣基督判处钉十字架之刑。

附 录

如果音乐没有一个"缓冲空间"来呈现它自己,那音乐和其他声响的剥离就变得不可能。音乐是电影里唯一一个抽象的元素,正因为它的抽象,所以它必须和现实分离。如果不是这样,那我们就只能得到不可听的糟糕的混响。

马克·戴维·卡尔韦对莫里康内的访谈/
莫里康内1955—2015电影作品年表

马克·戴维·卡尔韦对莫里康内的访谈[1]

《教会》和托纳托雷的电影

○ 我们聊聊关于 4CD 集锦 *Io*，*Ennio Morricone* 的问题吧。

● 这是第一次，一套唱片的发行涵盖了一个作曲家作品的所有层面，他的所有风格，虽然其中一些仅仅是冰山一角，毕竟在 4 小时 30 分钟的时间内不可能体现一个作曲家完整的创作生涯。这套唱片内容丰富，很好地代表了我创作的特色，我认为这一点是独一无二的。这四张 CD 无论从音乐上还是精神上，都很好地概括了一个作曲家的职业生涯。

○ 你常说："我首先是一个音乐作曲家，然后，仅仅是然后，才是一个电影作曲家。" 你为什么会这样说呢？

● 很多人都以为我是从创作电影音乐起步，然后才开始创作纯音乐作品的，但事实上根本不是这么一回事。我首先开始创作纯音乐，然后一些导演找到了我，我才开始为电影写音乐。因为我常常为电台、电视台或剧院等做编曲，积累了一些经验，并且小有名气，所以就引起了电影界的注意。

○ 关于《教会》这部电影，据说导演罗兰·约菲想要的是电子音乐……

● 这个电影所描述的故事是真实的,它发生在 18 世纪,对音乐来说,那是个器乐复兴的时代。影片里的音乐是由一个吹双簧管的神父带到南美洲的。他不仅带来了器乐,而且还有特伦托会议[2]的准则,它通过制定一些准则来规范礼拜音乐,其中帕莱斯特里纳(Palestrina)的作品是这类音乐的主要代表。这就是《教会》电影音乐创作中源自西方音乐的两个部分:宗教音乐和器乐。而《教会》音乐的第三个元素就是当地土著瓜拉尼人的民俗音乐。

具体地说,特别是关于瓜拉尼人的土著音乐,你有没有与确切了解这类音乐的民族学家有过接触?

● 我了解音乐史,知道这个时期在南美洲和西方国家都是什么样的音乐,因此就可以把这三个元素糅合起来。这是电影中阿尔塔米拉诺主教访问当地土著时的一段音乐:《瓜拉尼人的圣母颂》(*Ave Maria Guarani*)。

(音乐播放)

(真是太美了!)

但它和瓜拉尼音乐没有任何联系。事实上它显示了西方宗教音乐在特伦托会议成立之后,通过耶稣教士,已经被移植到了南美的土地上,并且是以一种有缺陷的形式表现出来的,因为当地的印第安人并不会以欧洲人那样的方式演唱。于是我们就试图寻找那些不同血统来源的、唱得不太好的、有嗓音缺陷的或嗓音比较奇特的人来演唱,以期在这样的表现中达到西方音乐和民族音乐的融合。为了得到这样的效果,我们可是费了一番功夫。导演的意思是通过一些大使馆的帮助去找一些不同国家的、不懂音乐的人来。而我却有另外的想法:那就是把合唱队以不同寻常的方式来配置。通常一个合唱队的各个声部(女高音、男高音等)都是按次序编排在一起,以便每一个歌手都可以听到他那个声部的声音。现在我选择打乱这个次序，把各个声部的歌手分散开来，然后我发信号大家开始唱，于是那就像……我实在难以形容这样的效果！（笑）

○ 谈到你和托纳托雷的合作，我尤其想提两部电影，因为在这两部电影里，音乐都是以很完整的形式表现出来的：《海上钢琴师》和《天堂电影院》。你认为和这位导演以及吉尔达·布塔（Gilda Buttà）的合作如何呢？

● 吉尔达·布塔在所有的钢琴曲目刚写完之时就把它们弹奏出来了，只是除了那些爵士段落。杰利·罗尔·莫顿的那些爵士作品在老唱片上的音质已经有所损坏，在电影里它们是用电脑重新处理过后出现的。

○ 在电影的开头，"弗吉尼亚"号轮船到港的那场戏是最精彩的片断之一。我想到了你关于电影音乐最著名的一段陈述：音乐从故事里面传出，然后渐渐向故事之外蔓延。[3]

● 不，对于这个主题来说，并没有这样的演变过程。这段音乐开始于电影之外，最后又结束于电影之外。在麦克斯卖了他的小号的那个古董店里，音乐还有一个消散的过程。

○ 谢谢你，莫里康内。很遗憾我们没有时间谈论托纳托雷的另一部电影《天堂电影院》了。但是我们会在节目的第二部分讨论莱昂内的电影。

音乐在电影里的角色以及《西部往事》

以这首 A l'aube du 5e jour[4] 作为极好的引介,我们再次请到了莫里康内,他将告诉我们他通常如何看待音乐在电影中的角色。我们将谈到莱昂内以及他那部邪典电影《西部往事》里音乐所起到的重要作用。

○ 你曾经说过对于一部电影,重要的是音乐要在观看者没有意识到的情况下进入和离开。

● 这是个技术问题……我必须告诉你我的想法,我将从自己确信的几条原则开始说起。针对一场戏的音乐来源而言,电影音乐是唯一一个可以游离于电影之外的元素,无论它是出现在电视上、剧场里还是唱片上……我所说的音乐是指那些可以传递故事含义,从而表现电影以及角色内在的音乐。这样的音乐虽然常常被导演和作曲家滥用,但是它的确很适合电影的需要。当导演以某种方式作出决定时,音乐就要被听到。如果观众没有时间去感觉音乐的出现,那就错了。非现实元素(音乐)出现的同时影片现实的音响就应该渐渐消失。这是理解电影音乐最好的方式,无论是对于需要音乐的导演还是创作音乐的作曲家而言。为什么这是最好的途径,有以下几个理由:首先是人类的大脑和耳朵,非专业的耳朵是不可能同时听两种以上不同的声音元素的。如果我们像以往那样仅仅把所有的声音、对话、音效、动作噪音和音乐同时混合在一起的话,那观众根本不可能清楚地分辩出音乐的存在。

○ 我们现在看到的是莱昂内电影《革命往事》的开场戏。在墨西哥一条炎热的公路上,劫匪胡安·米兰达遇到了一个骑着老式摩托车的高个男人,他是爱尔兰革命者、炸药专家肖恩·马罗里。一枪打在摩托车上,从而开始了两个男人之间的故事。但是在此之前,音乐首先就带着一股嘲弄的意味从远处飘来。

(音乐播放)

● 其次在于听众,我不能没有过渡地突然用上一段音乐,因为观众需要时间来接受并认同音乐出现的理由。这个准备过程是绝对必要的。音乐在"这里"开始,却要稍后才能被观众"听"到。同样的原则也适用于音乐的结束,就是渐渐消失而给予时间让其他元素进入。

(淡入淡出!)

如果音乐没有一个"缓冲空间"来呈现它自己,那音乐和其他声响的剥离就变得不可能。音乐是电影里唯一一个抽象的元素,正因为它的抽象,所以它必须和现实分离。如果不是这样,那我们就只能得到不可听的糟糕的混响。我们通常不会察觉听这个过程(所需要的)时机和容量:能量、空间和时间(我称为 E.S.T.,即意大利语 Energia, Spazio, Tempo)。没有这三个要素,那电影中音乐应用的奇迹就不会存在。

○ 在这里我们可以找到你所说的这条原则——音乐的"浮现"——在《西部往事》里,克劳迪娅坐火车到站时的那场戏(音乐播放)她本以为会有人在那里等着接她,然而没有人。渐渐地她脸上那经过长途旅行到达目的地的欢愉被失望取代。(伴随这个过程)音乐悄然步入,给这个场景注入一股忧郁的气息,并且(随着镜头从车站渐渐推向整个西部小镇的全景),音乐也迅速蔓延至遥远西部的广阔空间,赋予这部电影一种史诗般的色彩。但有时也会有这样的情况出现——请你谈谈为什么——音乐的突然而至,给人一种陡然一击的感觉。当那个小男孩目击了(片刻间)对他家人的谋杀而(从屋里)飞奔出来时，突然地，我们就听到了这段吉他（音乐播放）：这又是另外一回事了吧。[5]

● 在这里我们必须配合片中人物动作的突然性，在音乐上获得一种机械效应和足够的响度。这（对于我上面谈到的原则）是一个例外。当亨利·方达饰演的弗兰克出现时，所有其他的声音突然消失，只听到音乐以一种刺耳的方式响起。这样的效果是有其戏剧上的原因的，因为我们知道刚刚所发生的一切：在这个男孩面前的是杀害他父亲、姐姐和兄弟的凶手。因此在这里音乐的"袭击"的突然性，也是由这个突然的暴力场景营造的。然而如果你留意的话，这里（音乐的突袭）其实也是有一个伏笔的，即口琴声及其他预示了这种"突袭"。听众（在影片的开头）已经明了这口琴声所代表的可怕含义，它具有死亡和悲剧的含义。于是通过这种乐器，随着电影情节的发展，即使没有看见其本人，仅仅用音乐传达，我们就已经塑造了弗兰克这个人物的性格。

○ （在这段大屠杀的）10分钟前，即影片开头主题音乐出现（之前）的那一段，当火车离开，亨利·方达（的）三个手下和查尔斯·布朗森（Charles Bronson）饰演的那个口琴手对峙之时[6]，我们就已经听到了这具有预警性的口琴声。来听听这段配乐……

（音乐播放）

● 我还想提醒大家注意那段于我而言是电影剪辑史上最惊人的一笔。在对麦克贝恩一家的大屠杀之后仅仅剩下那个小男孩时，他也将要被杀，但他的死亡画面却被巧妙地回避了，我们仅仅看到银幕上弗兰克左轮手枪的发射，但子弹出膛的声音却转瞬被急驰而至的火车汽笛声替代。[7]

○ 你怎样和塞尔吉奥·莱昂内一起合作呢？

● 他跟我谈他的影片甚至具体到一些画面……

○ 他是否以一种"非常罗马式"的语气谈论这些呢？

● 当然，他言语简洁，从不让自己表现出知识分子的腔调，并且他也很清楚自己并不是在拍摄一部知识分子的电影，即使这部电影具有深刻的含义。他叙述（他对于影片的构思），于是我回家考虑音乐，然后让他听一些音乐片断。通常他都很欣赏我为他写的那些音乐，即使某些音乐他第一次听时并不满意，但听多几遍后他仍然会接受。但莱昂内最古怪的一点是，他总是乐于听听那些别的导演弃之不用的音乐主题，并且把这些别人看不上眼的东西拿来为自己所用。每当我让他听这样的主题时，他的同事们则对此一无所知！（笑。）他喜欢从其他人的"废品"里挑选一些对自己有用的音乐，这于他而言已经成为了一种游戏。

塞尔吉奥·莱昂内的电影

○ 莱昂内在一次访谈中说到他为什么要采用《西部往事》的那段"序曲"。一开始他让你为那场戏写音乐，但随后改变了主意。关于这场戏你或许会说："这无疑是我所创作的最好的电影音乐。"

● 在电影开拍时这段音乐还没有写好，尚在讨论中。对于影片开始的这二十分钟，问题在于如何使用真实自然的声音，并让这些声音变成音乐。因为在这段真实的音效中（水声、磨房的风车以及风的声音等），我们稍后将加入代表人类意义的口琴声。在 20 分钟后，口琴的声音进入，与其他那些自然的声响相反，这已经是一种人类的声音了。为这场戏设想的这个念头其实来源于我告诉他我的一次经历。如果你不打断我的话，我可以告诉你是怎么回事。

○ 不，（笑）我保证不会的。

● 因为（如果被打断的话）人们将不会明白我所说的事情。我和新和音即兴乐团一起去佛罗伦萨的路易吉·凯鲁比尼（Luigi Cherubini）音乐学院演出，我们将在音乐会的第二部分，即晚上9点出场。然而直到9点45分，演出还没有开始。起先人们都在交谈而没有注意到演出的延误。就在几分钟前，一个带着短笛的男人出现，人们并没有注意到他。然后他踩着一把梯子爬上了剧场的一个包厢；他拿起他的梯子并使它吱吱作响。这个人其实就是埃吉斯托尼·马基（Egisto Macchi），而人们却根本没有意识到！但是到了10点钟，人群里终于有人开始疑惑到底发生了什么，并且明白了剧场里正在进行的事情，然后人们渐渐安静下来。于是在完全肃静的大厅里，那把梯子继续吱吱作响，此时这种声音对于现场的听众来说就（非常突出），显得比它本身更为重要。过了一会，这个男人拿着梯子离开，于是音乐会的第一部分就此结束。我把这件事告诉了塞尔吉奥，他因此而推论一些自然的声音，风车、苍蝇（当然它的声音是在录音室模拟出来的）、电报机等，都足以构成影片开头那段等候戏（所需要的音效），那可真是一个富有戏剧性的场景，即使它足足有20分钟之长。我想他可能早有这种想法，因为如果我把那次经历告诉其他人，他们也许根本不会在意。莱昂内明白这样一个事实，那就是要想把一种声音从它的现场背景中剥离出来，那么在一片寂静中才能更好地达到这样的效果。

○ 让我们再来谈谈《黄金三镖客》里墓地那场戏吧。（音乐播放）这场戏如今已经成为电影学院里教授的样板了。

● 我早就有直觉这段场景将会成为（电影史上）非常重要的一个片段，因为它是影像和音乐相互作用、结合的一个最完美的例子。

○ 关于这场压轴戏，莱昂内（从某种意义上来说）是演绎了一场"芭蕾"，一种"舞蹈艺术"。

● 是的，因为这场戏只有一个演员，在一个圆形的墓地，随着音乐而移动，除此之外再无其他。在排完这场戏之后莱昂内自己就认为它像一场芭蕾表演。

○ 你在这里使用了一些乐器，比如英国管。

● 这段音乐主题，长度大约 3 分 20 秒，其实是我所写过的最简单的旋律之一。此曲采用了两个五度音程，这也是我最喜爱的方式，经常使用，因为它是一种最完美的音程，几乎毫无偏颇，它可以使我在创作中使用某些悬留法（把一和弦内的一个或几个音符延长至下一和弦以制造暂时的不和谐音）。（在乐曲前段一串）钢琴（琶音）之后，英国管便是以这种二五度音程进入：la mi do mi, la mi si sol（哼唱着这些音符）mi si sol, do re mi, sol do re mi……[8]。于是只用了钢琴上的八个键，我就得到了这个主题并把它发展成为三分二十秒的曲子。

（随着钢琴淡出）这个主题渐渐发展，声音逐步积聚（英国管被女高音和弦乐取代）。然后钢琴又突然加入，不断干扰这条主旋律线（哼唱钢琴部分），同时还有铜管乐器，小号穿插到这个五度音程中来。

当角色图科在半途突然停下时，带着一种拼死一搏的激动，此刻我让节奏和旋律都突然中止，然后只允许自己用了一个过渡乐节。我有这种意象，在神圣庄严的墓地里寻找金钱的人都活该受到一种神秘圣灵的嘲笑。他在琢磨该往何处寻找，他并不知道（要找的那个墓具体在哪里），随着这个过渡乐节的结束，他又开始继续奔跑。

这是影片里非常重要的一场戏，于我而言，它也是一次重要的音乐创作。对于这3分20秒，莱昂内要求我的音乐做到与人物动作的"间歇"完全同步来暗示所发生的一切。而我所考虑的并不是音乐的中止，而是在不中断音乐的前提下使之和人物的动作同步。这段音乐里唯一的一次中断就是我刚刚谈到的，当图科停止奔跑时，我的音乐也同时中止，而音乐再次停止，便是在最后了。（图科终于找到了刻着那个名字的墓，脚步突然停下，而音乐也随之戛然而止。）

注　释

1. 这次访谈来自法国广播（Radio France）的法国音乐电台（France-Musiques），分为三部分，连续在三个星期日播出，时间为 2002 年 10 月 20 日、10 月 27 日和 11 月 3 日的中午 12 点整。访谈中提到的电影在节目中有影片片断和音乐的插播。提问者是马克·戴维·卡尔韦（Marc David-Calvet）。访谈内容由帕特里克·布斯泰（Patrick Bouster）从意大利语交谈的法译版翻译成英语，然后由丁时珝从英文翻译成中文，并在其中根据所谈论的电影情节或其他相关内容做了一些补充。语言几经转换，内容难免有所差池，欢迎读者指正。英文原文在此：http://www.chimai.com/resources/specials/france-musiques.cfm，并有所提音乐片断的欣赏和下载。若无特别说明，注解出自帕特里克·布斯泰。
2. 影片的这段主题音乐此刻出现，即 The Legend of the Pianist on the Ocean。但在这个影片的法国版里，出现了一些小号演奏的片断，音乐上多了一些变化，与原声 CD 和意大利版 DVD 里的有所不同。
3. Lontano，电影《上帝和我们》（*Gott mit uns*，1970）中那段著名的主题。
4. 影片中这段音乐出现时，其背景是即将结束的大屠杀，突如其来的令人战栗的电吉他声，以及穿插其间的凄厉的口琴声，犹如贝多芬的《第九交响曲》里那恐怖的号角，意味着死亡的主题，给观众带来一种极其震撼的效果。——丁时珝注
5. 原文里写道亨利·方达和他的三个手下与口琴手对峙，这是错误的，影片开头只有弗兰克的三个手下出现，他本人并未在场。这个错误可能是多次转译所致。——丁时珝注
6. 还有一说是担心美国观众不能直接面对一直代表正义人物形象的亨利·方达干出这种对小孩子下手的暴行。然而莱昂内说，亨利·方达又怎样，他也不是一个善类，逼得自己的老婆自杀，还照样能跨过她的尸体外出像什么事都没有发生一样。——丁时珝注
7. 此处也许有转载错误。

莫里康内 1955—2015 电影作品年表

1. 本年表源自"莫里康内爱好者"网站 2015 年编制的最新（第 3 版）《莫里康内电影类作品年表》，该年表包括由莫里康内独自谱曲或者合作谱曲的影视类作品共计 892 部。由于篇幅限制，本简表省略了其中的短片、电视片、纪录片和有关视频等部分内容，仅保留电影部分，此目录下的作品总计 510 部。有关该网站最新年表的完整资料，读者可自行参阅该站的年表专栏 http://morricone.cn/ns-works/ns-works-000.htm

2. 年表对于每一部作品尽量使用其英文名称和汉语通用译名。对于没有英文名称的，则使用原有的意大利文或其他文字名称。对于没有汉语通用译名的，仅列出其外文名称。对属于引用莫里康内音乐的作品，在其后注明了该电影所引用音乐的源电影名称（因篇幅所限未列入乐曲名）。

1955	*The Abandoned*	乱点鸳鸯谱
1959	*Morte di un amico*	黛琵姬的诱惑
	La Duchessa di Santa Lucia	圣卢西亚公爵夫人
	La Pappa reale	蜂王浆
1960	*Le Pillole di Ercole*	春药
	L'Avventura	奇遇
	Via Margutta	马格塔大街
	Il Rossetto	
1961	*The Fascist*	法西斯分子
	Barabbas	壮士千秋

L' Italiano Ha Cinquant' anni

1 Generale E 1/2

Totò, Peppino e... la dolce vita

Enrico' 61

Tiempe Damore

1962　Eighteen In The Sun 太阳下的18岁

I motorizzati 超级机车

A Girl... and a Million 百万女孩，又译：一女一百万

Crazy Desire 欲海惊心杀人夜，又译：痴狂

The Easy Life 安逸人生

Secret Violence

Ombre Vive

1963　Gunfight at Red Sands 红沙地上的枪战，又译：决斗德州

The Basilisks 蜥蜴，又译：翼蜥

The Little Nuns 小修女

Tutto è musica 音乐是一切

The Success

1964

Malamondo 恶世界

The Maniacs 靓眼

Bullets Don't Argue 我的子弹不说谎，又译：枪弹无情

A Fistful of Dollars 荒野大镖客

Before the Revolution 革命前夕，又译：革命之前

My Wife 我的夫人

The Twelve-Handed Men of Mars 火星的十二手人

Full Hearts and Empty Pockets 女人创造人

Thursday 星期四

Two Escape from Sing Sing

Controsesso

In ginocchio da te

1965　*Agente 077：Missione Bloody Mary* 特工077：血战玛丽行动
Fists in the Pocket 怒不可遏，又译：口袋里的拳头
The Return of Ringo 林哥归来，又译：金枪客再闯鬼门关
For a Few Dollars More 黄昏双镖客
Snow Job 花言巧语
Thrilling 扣人心弦
A Pistol for Ringo 瑞格之枪，又译：金枪客独闯鬼门关
Smoke Over London 伦敦之雾
16-Year-Olds 第十六
Se non avessi più te 你若不在
Highest Pressure
Menage Italian Style
Non son degno di te
Lovers from Beyond the Tomb
Idoli controluce

1966　*How I Learned to Love Women* 教我如何爱上她
The Good，the Bad and the Ugly 黄金三镖客
El Greco 格列柯传
Bible：In The Beginning 圣经：创世纪
Agent 505：Death Trap Beirut 特工505：大战贝鲁特
Almost a Man 半个男人
The Hawks and the Sparrows 大鸟和小鸟
Seven Guns for the MacGregors 七虎断魂枪
Battle of Algiers 阿尔及尔之战
The Witches 女巫
Mi vedrai tornare 你会看到我回来
A Dollar a Head 纳瓦霍乔，又译：印第安人乔
River of Dollars 群山染赤，又译：金钱似水
Death Rides a Horse 死神骑马来
For a Few Extra Dollars 虎侠

The Big Gundown 大捕杀，又译：神龙闪电枪

Too Soon to Die

1967　*Bad Arabella* 湖边的女孩，又译：湖边女尸

The Rover 冒险家，又译：战火蛟龙

The Girl and the General 虎落平阳

7 Women for the MacGregors 七枪客

Long Days of Vengeance 复仇有日

The Cruel Ones 伏击骑兵队

Matchless 独一无二

Dirty Heroes 肮脏英雄，又译：蓝天白云英雄血

Face to Face 面对面

Garden of Delights 尘世乐土

Her Harem 后宫

China Is Near 中国已近，又译：中国是近邻

OK Connery 上吧，康奈利！

Grand Slam

Sugar Colt

An Italian in America

Django，Prepare a Coffin！

Destino：Estambul 68

1968　*Once Upon a Time in the West* 西部往事，又译：狂沙十万里

Comandamenti per un gangster 追杀黑帮老大

Big Gundown 2：Run，Man，Run 大捕杀2，又译：神龙闪电枪

A Sky Full of Stars for a Roof 屋顶满天星

Galileo 伽利略传

Danger：Diabolik 危险：德伯力克

Escalation 势力扩张

Thank You Aunt 快来和我一起玩

The Guns of San Sebastian 双虎将大追踪，又译：烽火山河

The Great Silence 雪海深仇，又译：伟大的寂静

The Mercenary 无情职业快枪手
Partner 搭档，又译：同伴
Rome Like Chicago 罗马大盗
A Fine Pair 老千兵团，又译：鸳鸯大盗
Theorem 定理
A Quiet Place in the Country 乡间僻静处，又译：一片安静的地方
Listen，Let's Make Love
Ecce Homo
Eat it
Chimera
The Magnificent Tony Carrera

1969　*The Invisible Woman* 无形女
Season of the Senses 感官季节
Mother's Heart 母之爱
The Betrayal 毒气间谍战
Long Live the Revolution 革命万岁
That Splendid November 再见唔爱，又译：偷情世家
Dirty Angels 肮脏的天使
Machine Gun McCain 铤而走险
The Sicilian Clani 西西里黑帮，又译：神机妙算
Queimada 奎马达政变，又译：烽火怪客
What Did Stalin Do to Women？ 斯大林对妇女们都干了什么？
Love and Anger 福音书，又译：爱情与愤怒
The Bitch Wants Blood 无名女郎
The Lady of Monza 深院偷情，又译：蒙扎的修女
The Red Tent 红帐篷
Love Circle 爱的轮回，又译：来吃晚餐
The Five Man Army 五人军队
Senza sapere niente di lei

A Brief Season

Zenabel

She and He

H2S

Alibi

1970　Violent City 狼之挽歌，又译：铁胆雄心

Hornet's Nest 天龙特攻队，又译：神龙突击队

Lady Caliph 卡里夫女人，又译：嘉莉法夫人

The Most Beautiful Wife 最美丽的妻子

The Fifth Day of Peace 神与我们同在，又译：停战第五天

Investigation of a Citizen Above Suspicion 对一个不容怀疑的公民的调查

The Bird with the Crystal Plumage 摧花手，又译：采花之手

Metello 我的青春，又译：梅泰洛

Forbidden Photos of a Lady Above Suspicion 一位女士的可疑照片

When Women Had Tails 有尾巴的女人，又译：当女人们长了尾巴

Two Mules for Sister Sara 烈女镖客，又译：独行侠千里送贞娘

Companeros 同伴，又译：决斗者

Kill the Fatted Calf and Roast It

The Voyeur

1971　Tis Pity She's a Whore 她是个娼妓，又译：可惜她是个婊子

Winged Devils G 力

Evil Fingers 黑暗的一天

Once Upon a Time in the Revolution 革命往事，又译：革命怪客

Cold Eyes of Fear 冷眼恐惧

The Cat o' Nine Tails 九尾怪猫

The Case Is Closed, Forget It 调查已经结束，忘记吧

The Working Class Goes to Heaven 工人阶级上天堂，又译：劳工阶级上天堂

Black Belly of the Tarantula 塔兰图拉毒蛛

The Burglars 大飞贼

4 Flies on Grey Velvet 灰天鹅绒上的四只苍蝇，又译：灰丝绒上的苍蝇

Sacco & Vanzetti 死刑台的旋律，又译：萨科和万兹提

Without Apparent Motive 北回归线

A Lizard in a Woman's Skin 披着娘皮的蜥蜴，又译：蛇蝎心

Long Live ... Your Death! 龙虎智多星

Maddalena 玛德莲娜

The Decameron 十日谈

The Short Night of the Butterflies

Day of Judgment

Hayat sevince güze

Romance

The Wind Blows Free

Tre nel mille

1972　*Bluebeard* 蓝胡子

What Am I Doing in the Middle of the Revolution 革命时我都干了什么

What Have You Done to Solange？ 索朗芝怎么了？

The Master and Margaret 大师和玛格丽特

The Master Touch 贼王

The Canterbury Tales 坎特伯雷故事集

My Dear Killer 我亲爱的杀手

Slap the Monster on Page One 把怪物放在首页

The Way of the Dragon 猛龙过江（引自：西部往事）

Anche se volessi lavorare，che faccio

Who Saw Her Die？

For Love One Dies

Why

Lui per le

Devil in the Brain

Chronicle of a Homicide

When Women Lost Their Tails

Conspiracy

Bandera Bandits：*La cosa buffa*

Life Is Tough，Eh Providence？

When Man Is The Prey

This Kind of Love

The Sicilian Checkmate

The Return of Clint the Stranger

Fiorina la vacca

1870

1973　*Giordano Bruno* 乔达诺·布鲁诺

My Name is Nobody 无名小子，又译：无名小卒

The Devil Is a Woman 魔鬼是女人

Property Is No Longer a Theft 财产并非赃物

The Serpent 蛇，又译：谍海龙蛇生死斗

Massacre in Rome 屠杀令

Revolver 转轮手枪

Sepolta viva 活埋

Tropic of Passion 热带激情

Here We Go Again，Eh Providence？

Crescete e moltiplicatevi

Farewell

1974　*Allonsanfan* 阿隆桑芳

The Murri Affair 莫莉事件

Sarah's Last Man 萨拉的最后一个男人

When Love Is Lust 当爱充满情欲

Arabian Nights 一千零一夜，又译：阿拉伯之夜

Il giro del mondo degli innamorati di Peynet 环游世界的爱

Blasphemy 反基督者，又译：敌基督

The Cousin 表妹

The Infernal Trio 凶恶三人帮

Moses 摩西传

Mussolini：The Last Four Days 墨索里尼的末日

The Death Dealer 痉挛

The Two Seasons of Life

The Secret

The Kidnap of Mary Lou

Sex Advice

1975　*Eye of the Cat* 猫眼

The Judge and His Hangman 法官和他的刽子手，又译：杀手挽歌

Last Stop on the Night Train 暴行列车

Sun Spots 尸体解剖

Down the Ancient Staircase 在古老的梯子下

Fear Over the City 恐怖笼罩城市

Salò, or the 120 Days of Sodom 索多玛120天，又译：所多姆120天

The Man from Chicago 美国人，又译：从芝加哥来的人

A Genius，Two Friends，and an Idiot 一个天才、两个朋友和一个傻子，又译：一个天才，两个共犯，一个笨蛋

The Sunday Woman 星期天的女人

Weak Spot 漏洞

The Divine Nymph

The Flower in His Mouth

Azalea Pictures

The Teenage Prostitution Racket

The Human Factor

　　　　　Mistress of the Devil

　　　　　Libera，My Love

1976　　*The Desert of the Tartars* 鞑靼人的沙漠

　　　　　And Agnes Chose to Die 艾格尼丝选择去死，又译：艾格尼丝的选择

　　　　　The Inheritance 百合花，又译：可靠的遗产

　　　　　Nineteen Hundred 一九零零

　　　　　Todo Modo 托多·莫多，又译：千方百计

　　　　　Una vita venduta 出售一个生命

　　　　　The Hex Massacre 2000大屠杀

　　　　　The One Armed Swordsmen 独臂双雄（引自：大捕杀）

　　　　　Tell Them Johnny Wadd Is Here 追凶三千里（引自：大捕杀）

　　　　　For Love

　　　　　San Babila-8 P.M.

　　　　　The Thruster

1977　　*Death Drive* 凶险旅程

　　　　　Exorcist II：The Heretic 驱魔人2，又译：大法师续集

　　　　　The Cat 猫

　　　　　The Fiend 怪物

　　　　　Rene the Cane 同是沦落人

　　　　　The Iron Prefect 铁人，又译：铁官

　　　　　Orca...Killer Whale 杀人鲸

　　　　　Stato interessante 青涩体验

　　　　　The Dragon，the Odds 戆居仔与牛咁眼（引自：西部往事）

1978　　*Stay as You Are* 你不要走，又译：绅士与俏妞

　　　　　Days of Heaven 梦断情天，又译：天堂之日

　　　　　Forza Italia 前进意大利

　　　　　L'immoralità（Massimo Pirri） 背德

　　　　　Birds of a Feather 一笼傻鸟，又译：虎凤假凰

　　　　　Le mani sporche 脏手

Germany in Autumn 德国之秋（引自：死刑台的旋律）

When You Comin' Back, Red Ryder? （引自：黄金三镖客）

Father of the Godfathers 教父之父

One Two Two

Where Are You Going on Holiday?

Pedro Páramo

1979　*Bloodline* 朱门血痕，又译：血统

Dedicated to the Aegean Sea 献给爱琴海

A Dangerous Toy 危险的玩具

A Trip with Anita 情人与骗子，又译：爱情与谎言

The Meadow 草地

La luna 月神，又译：迷情逆恋

Operation Ogre 食人魔，又译：奥科罗行动

Dietro il processo – Episodes: *Il caso Pasolini*, *Il caso Montesi*

Good News

I as in Icarus

Venetian Lies

Ten to Survive

The Swap

The Humanoid

1980　*The Good Thief* 盗贼，又译：义贼

The Woman Banker 女银行家

La Cage aux Folles II 一笼傻鸟 2

The Island 魔岛生死劫，又译：杀人岛

The Blue-Eyed Bandit

Si salvi chi vuole

Stark System

The True Story of Camille

Fun Is Beautiful

Men or Not Men

Corky

Nouvelles rencontres

L'Oeil pervers

The Fantastic World of M.C. Escher

La via del silenzio

1981   *Disobedience* 启发性教育，又译：被诱惑的男孩

Tragedy of a Ridiculous Man 荒谬人的悲剧，又译：一个可笑人物的悲剧

The Professional 职业杀手，又译：危情谍影

Cop Killers 弑警犯

Endless Love 无尽的爱

Bianco, rosso e Verdone

Occhio alla penna

So Fine

Du blues dans la tête（引自：谁未曾有过）

1982   *The Thing* 突变第三型，又译：怪形

Butterfly 蝴蝶

White Dog 白狗

Pink Force 红粉兵团

Rise Up Spy

Blood Link

Porca vacca

A Time to Die

The Man Who Saves the World（引自：摩西传）

1983   *The Key* 欲望之翼，又译：秘密

Hundra 匈达娜

Treasure of the Four Crowns 魔宫夺宝奇兵，又译：皇冠大宝藏

Le marginal 边缘，又译：虎胆警官

Nana, the True Key of Pleasure 娜娜

Sahara 撒哈拉

	The Ruffian
1984	*Once Upon a Time in America* 美国往事，又译：四海兄弟
	Don't kill God
	The Forester's Sons
	Code Name: Wild Geese
	Thieves After Dark
1985	*The Repenter* 忏悔
	Wedding 一笼傻鸟 3
	Red Sonja 女王神剑，又译：两个红太阳
	Commando Leopard 火豹屠城
	The Trap
	Dario Argento's World of Horror
1986	*The Venetian Woman* 少妇安吉娜，又译：威尼斯女人
	The Mission 教会，又译：战火浮生
1987	*Farewell Moscow* 再见莫斯科
	Rampage 愤怒
	The Gold Rimmed Glasses 戴金丝边眼镜的人
	The Untouchables 铁面无私，又译：不可触犯
	It Couldn't Happen Here 超时空漫游
	Quartiere
1988	*A Time of Destiny* 军官与大兵，又译：战地情天
	Nuovo Cinema Paradiso 天堂电影院，又译：新天堂乐园
	Frantic 惊狂记，又译：亡命夜巴黎
	Young Einstein 少年爱因斯坦（引自：黄金三镖客）
1989	*Tie Me Up! Tie Me Down!* 捆着我，绑着我，又译：捆着你，困着我
	Casualties of War 越战创伤，又译：孽战
	Fat Man and Little Boy 胖子和男孩，又译：肥佬大作战
	Time to Kill 杀戮时刻，又译：全面攻击
	The Burbs 邻居，又译：地狱来的芳邻（引自：黄昏双镖客、

无名小子）

1990　　*Only One Survived* 深海余生，又译：猎船手

The Palermo Connection 忘却巴勒莫，又译：遗忘巴勒莫

Hamlet 哈姆雷特

Everybody's Fine 天伦之旅，又译：人人都很好

State of Grace 魔鬼警长地狱镇，又译：地狱都市

Voyage of Terror：*The Achille Lauro Affair* 地中海惊魂

Book of Love 爱情天书（引自：黄金三镖客）

The Big Man：*Crossing the Line*

The Bachelor

Tre colonne in cronaca

Traces of an Amorous Life

Vacanze a Mosca

1991　　*Bugsy* 一代情枭毕斯，又译：豪情四海

Especially on Sunday 尤其是在礼拜日

Husbands and Lovers 爱你恨你更想你，又译：丈夫与情人

Lucky Luke 幸运星鲁克

Money（Steven Hilliard Stern 导演，105 分钟）

Money（Philippe Galland 导演，88 分钟）

German Guy Sexy！*The Story of Ilona and Kurt*

1992　　*City of Joy* 欢喜城，又译：欢乐之城

The Big Man：*Crossing the Line*

Camille 茶花女（莫里康内 1992 年为 1915 年的无声电影配入音乐）

Love Potion No. 9 浪漫女人香（引自：黄金三镖客）

Rapture of Deceit

1993　　*In the Line of Fire* 火线大行动，又译：火线狙击

The Bodyguards 保镖，又译：四大天王

The Long Silence 长久的沉默

Look to the Sky 仰望天空，又译：住在鲸群里的约拿

　　　　　Palermo：città antimafia–Omaggio a Falcone

　　　　　Estasi

1994　*A pure Formality* 幽国车站，又译：例行公事

　　　　　Disclosure 叛逆性骚扰，又译：桃色机密

　　　　　Love affair 爱情故事，又译：爱你，想你，恋你

　　　　　Wolf 狼人恋，又译：妖之恋

　　　　　Pontiac Moon 月亮代表我的心（引自：黄金三镖客）

　　　　　The Night and the Moment

1995　*The Star Maker* 新天堂星探

　　　　　According to Pereira 佩雷拉先生如是说，又译：佩雷拉的证词

　　　　　The Scarlet Letter 红字

　　　　　L' uomo proiettile

　　　　　Who Killed Pasolini？

1996　*We Free Kings* 释君者，又译：流浪贤士

　　　　　She-Wolf 女人本色

　　　　　The Stendhal Syndrome 司汤达综合征

　　　　　Lolita 洛丽塔，又译：一树梨花压海棠

　　　　　The Nymph 平民天仙，又译：平民天使

　　　　　Strangled Lives

　　　　　Marianna Ucria

　　　　　Twister 龙卷风（引自：事件）

1997　*U-turn* U形转弯，又译：上错惊魂路不准调头

　　　　　Con rabbia e con amore 爱恨交织

　　　　　The Life and Death of Richard III（莫里康内1997年为1912年的无声电影配入音乐）

　　　　　Un bel dì vedremo

　　　　　Naissance des stéréoscopages

　　　　　The Fourth King

1998　*Bulworth* 布瓦茨，又译：吹牛顾客

　　　　　The Legend of 1900 海上钢琴师，又译：声光伴我飞

The Phantom of the Opera 歌剧魅影，又译：幻影歌剧

Tower of the Firstborn 长子之塔

The Odd Couple II 天生冤家，又译：单身公寓2（引自：黄金三镖客）

1999 *What Dreams May Come* 美梦成真，又译：飞越来生缘

The Big Tease 天才的玩笑（引自：爱的轮回）

Election 校园风云（引自：纳瓦霍乔）

Inspector Gadget 神探加吉特，又译：数码特工（引自：黄金三镖客）

Forever Fabulous（引自：爱的轮回）

XPW Hardcore Conception!（引自：黄金三镖客）

Morte di una ragazza perbene

Lucignolo

2000 *Canone inverso* 爱欲旋律

Mission to Mars 火星任务，又译：火星计划

Vatel 欲望巴黎，又译：巴黎春梦

Malèna 西西里的美丽传说

Before Night Falls 夜幕降临前，又译：黎明不会来

Sensitive New-Age Killer 敏感的新时代杀手（引自：红沙地上的枪战）

2001 *Aida of the Trees* 奥伯利的阿依达

Say It Isn't So 芭乐鸳鸯，又译：将错就错（引自：黄金三镖客）

Aleph, lectures contades（引自：西西里的美丽传说、佩雷拉先生如是说）

The Sleeping Wife

2002 *Perlasca: The Courage of a Just Man* 佩拉斯卡，又译：惊劫重生

Black Angel 黑天使

Repley's game 魔鬼雷普利，又译：天才瑞普利

The New Guy 新丁驾到（引自：黄金三镖客）

The Diary of Matilda Manzoni

2003 *Kill Bill Vol.1* 杀死比尔1（引自：死神骑马来）

The End of a Mystery 神秘的终点

Alla fine della notte

I'm Not Scared 我不怕，又译：有你我不怕（引自：如果打电话）

2004 *Kill Bill Vol.2* 杀死比尔2（引自：纳瓦霍乔、荒野大镖客、黄金三镖客、雇佣兵）

72 Meters 潜艇沉没，又译：72米

Suburban Symphony

Die Puppe（1919年无声电影由莫里康内2004年配乐）

The Life Aquatic with Steve Zissou 水中生活（引自：死刑台的旋律）

The Lion King 3 狮子王3（引自：黄金三镖客）

The Perfect Crime 完美罪行（引自：教我如何爱上她）

Guardians of The Clouds

2005 *The Pacifier* 超级奶爸（引自：黄金三镖客）

Racing Stripes 赛场大反攻，又译：斑马竞赛

Rumor Has It... 流言蜚语，又译：毕业生外传（引自：黄金三镖客）

Fateless 命运无常，又译：非关命运

E sorridendo la uccise

2006 *The Unknown Woman* 隐秘女人心，又译：裸爱

Un Crime 罪行

Smokin' Aces 五路追杀令，又译：赌国追杀令（引自：黄金三镖客）

Date Movie 约会电影（引自：纳瓦霍乔）

Zoom 超人集中营（引自：黄金三镖客）

The Holiday 恋爱假期（引自：天堂电影院）

We Are Marshall 后继有人（引自：黄金三镖客）

2007 *Death Proof* 死亡证据（引自：九尾猫、摧花手）

Grindhouse 刑房

Tutti le donne della mia vita 我生命中的所有女人

Hot Rod 飞车手罗德（引自：听着，让我们做爱吧）

My Very Best Friend 西班牙城堡（引自：西部往事）

Banished（引自：西部往事）

2008　*Resolution 819* 屠杀证据

The Demons of St. Petersburg 圣彼得堡的邪魔

Seuls Two 孤独二兄弟（引自：西西里黑帮）

Madagascar：Escape 2 Africa 马达加斯加2：逃往非洲（引自：黄金三镖客）

Seven Pounds 七磅，又译：七重天（引自：海上钢琴师）

What Just Happened 即时发生（引自：西部往事）

2009　*Inglourious* 无耻混蛋

Memories of Anne Frank 安妮日记

Sicilia！Sicilia！ 巴阿里亚：风之门，又译：风之门：情系西西里岛

Nine 九，又译：华丽年代

Amer 安娜的迷宫（引自：塔兰图拉毒蛛）

Drag Me to Hell 堕入地狱（引自：摧花手）

The Boat That Rocked 海盗电台（引自：黄昏双镖客、大捕杀）

The Time that Remains 时光依旧（引自：黄金三镖客）

Couples Retreat 伴侣度假村（引自：黄昏双镖客）

Later with Jools Holland 霍兰德秀（引自：黄金三镖客、荒野大镖客、无名小子、黄昏双镖客）

2010　*The Book of Eli* 艾利之书，又译：伊莱之书（引自：美国往事）

Kick-Ass 海扁王（引自：黄昏双镖客）

Wall Street：Money Never Sleeps 华尔街，又译：金钱永不眠（引自：黄金三镖客）

The Solitude of Prime Numbers 质数的孤独（引自：摧花手）

Faster 极速复仇（引自：黄金三镖客）

Miral 米拉尔（引自：阿尔及尔之战）

Grandi autori

2011　*Sherlock Holmes：A Game of Shadows* 福尔摩斯：诡影游戏（引自：烈女镖客）

Love Story（III）

2012　*Django Unchained* 被解救的姜戈

I 57 giorni

The Child of the Sahara

2013　*The Grandmaster* 一代宗师（引自：美国往事、星期天的女人）

Metallica Through the Never 金属乐队：穿越永恒（引自：黄金三镖客）

The Best Offer 最佳出价

Anchorman 2：The Legend Continues 王牌播音员 2：传奇继续（引自：我的子弹不说谎）

2014　*American Sniper* 美国狙击手（引自：林戈归来）

The Book of Life 生命之书（引自：黄金三镖客）

Die Unendliche Geschicht

2015　*The Hateful Eight* 八恶人，又译：可憎八人

The Correspondence 信件

Darling Buds of May

The SpongeBob Movie：Sponge Out of Water 海绵宝宝历险记：海绵出水（引自：黄金三镖客）

译后记

一次美好的旅程

2009年5月31日,莫里康内电影音乐演奏会在台北小巨蛋举办。前一天,大师出席记者会,由我担任口译。

重温他的作品以做功课时,回想起以前在意大利每个月都会看到"镖客系列"电影在电视上回放一次,即便刚好进了厨房,听到独一无二的音乐传来,脑袋中仍能自动浮现画面,知道现在是哪个角色做了哪个表情。那是晚餐时刻的最佳陪伴,百看不厌。

从《教会》《美国往事》《铁面无私》《天堂电影院》到意大利的长寿电视剧《黑帮》,莫里康内的音乐陪伴我的岁月其实比想象中多很多,而我对他几乎一无所知。除了……他很有自信。

莫里康内抵台前,数家媒体先做了越洋电话采访。好奇地问他如何能给众多风格、文化迥异的电影打造音乐时,他说:"因为我很早就深入了解作曲史,对不同时期、地域的音乐都已融会贯通,再加上我的天分和想法,自然能用自己的方式写出应有的音乐。"我仿佛看到老先生在电话那头对这个问题翻了个白眼。

在记者会现场见到大师那一刻,或许因为专注工作,我连粉丝目睹偶像风采的雀跃心情都没有。但我在挤满了会场的记者脸上看到了美梦成真的表情:想笑又怕造次,然而眉眼间按捺不住的串串爱心蹦跳了出来,满室洋溢着春天骚动的气息。我坐在右后方看着莫里康内一脸严肃,他开口说:"不要看我好像在生气,其实我心里很高兴,只是常在想事情,所以看起来神情悲伤。"自信、敏感,果然是大师级艺术家。

不用说，音乐演奏会很成功。观众起立鼓掌，安可①了四次大家依旧不肯走，莫里康内最后把谱收起来，带走了首席小提琴手才告结束。

事隔两年，我换了一种方式再度跟大师"面对面"，这才发现带走首席小提琴手原来是老招！

翻译本书，其实知道了许多当年匆匆不及挖掘的真相。

莫里康内的严肃，源自老师彼得拉西的身教（两人合影，仿佛是一对不苟言笑的父子），也是因为腼腆；投入电影配乐工作，是因为经济压力；该说的毫不保留（关于剽窃问题），而且绝对诚实（无论是儿子安德烈亚在《天堂电影院》配乐工作中扮演的角色，或是谈到不同导演的音乐素养）；看似独裁的专业态度背后，他很乐于被质疑跟比较，因为唯有碰撞出火花才会进步；他的生活"动静皆宜"，爱足球（但只爱罗马队），也爱国际象棋（而且曾跟棋王对弈）；优雅的他是左派社会主义信徒，这倒不令人意外，左派思维本是意大利知识分子固有的传统，更何况他在年轻时经历过法西斯政权，也曾在贫困中挣扎；对较不易被大众理解的纯音乐始终一本初衷，因为无论什么类型的音乐都不是浪漫随性的结果，而是努力不懈的结晶。还有，莫里康内为了留在家乡意大利罗马工作，宁愿多次放弃难得的合作机会，因此我想，为尊重这份斯土斯民情怀，应将他名字"Ennio"②的中文翻译正名为"艾尼欧"，而不再随俗沿用英式发音的"颜尼欧"。

最让人觉得获益良多的，莫过于执笔的蒙达用最平实的文字呈现

---

① 安可，来源于法语词 encore，意为"再一次、再来点儿"，指演唱会或演奏会结束时额外增加的表演。——编注

② 按照中国对外翻译出版公司 2007 版《世界人名翻译大辞典》，Ennio Morricone 应译为恩尼奥·莫里科尼。但是考虑到 Morricone 于 2009 年 5 月及 2010 年 6 月分别于北京、上海举办音乐会时的官方译法为埃尼奥·莫里康内，在本书中我们沿用了这一广为人知的译法。——编注

出莫里康内的温暖内心。

作为父亲，莫里康内对一心投入音乐和电影的两个儿子十分挂心，又宁愿他们多加磨炼。作为朋友，莫里康内对曾经共事的导演人格特质如数家珍，认为曾捉弄他的贝多利给自己上了很重要的一课，永铭于心。

大师对初识就发生误会的蒙达，不但多次表达歉意，并默默地关心起这位忘年之交：出其不意出席蒙达的新书发布会，委托蒙达负责传记对谈工作，指定蒙达担任他的记者会主持人。而且，完全符合"知无不言，言无不尽"的期待。

虽然不像蒙达那么幸运，能有一整年的时间和大师对谈，但我在翻译过程中，仍如同经历了一次美好的旅程。日前跟久违的意大利朋友交换近况，我说到莫里康内的名字，朋友沉默了数秒钟后，复诵了一次"莫里康内"。那短暂瞬间，我们心中各自回荡着大师的某段旋律，我意识到，两年前的短暂相遇，两年后的再次交会，我趋近的不只是个人的美梦，也是所有人的美梦。

出版后记

莫里康内是20世纪最著名也是最多产的电影配乐大师，据"莫里康内爱好者"网站统计，从1955年到2015年，由莫里康内独自谱曲或者合作谱曲的影视类类作品多达892部，平均每年15部，其中很多乐曲的引用率极高，比如《西部往事》中的乐曲就在5部电影中被引用，包括李小龙的《猛龙过江》。在我们的日常生活中，如饭店、咖啡馆、电台、汽车里，也常常可听到他的配乐作品，如托纳托雷的"时光系列"，莱昂内的的"往事系列"和"镖客系列"。极高的作品产量和极具辨识度的曲风让其在全世界拥有难以计数的乐迷。然而市场上一直鲜少关于莫里康内的书。

2010年，意大利出版了 Lontano dai sogni: Conversazioni con Antonio Monda，该书是迄今为止世界范围内唯一一本莫里康内现身说法的访谈录，作者花了9个月的时间对莫里康内做了15次采访，话题涉及莫里康内的成长历程、家庭背景、工作方式、兴趣爱好等各个方面，几乎是一本访谈式传记，也算弥补了上述缺憾。此后，台湾于2011年发行了中文繁体版，日本于2013年发行了日文版，此次引进中文简体版，只当是亡羊补牢。

台版的译者倪安宇是2009年莫里康内来台时的贴身口译，旅居威尼斯近十年，译著也颇丰，在翻译的过程中，考虑到意大利和中国之间的文化差异，以及音乐、电影等领域之于普通读者的藩篱，译者做了很多批注，来解释一些社会事件的时代背景，以及一些专有名词的通俗之意。所以此次简体版，我们沿用了他的译文。但考虑到大陆读者的阅读习惯，将人名、作品名改成了大家习惯的译法。

在编辑过程中，我们通过"莫里康内爱好者"网站找到了其站长韩文光先生，听闻我们即将出版简体版，韩先生大方分享了该网站的《莫里康内爱好者手册》一书，帮忙统计了莫里康内60年的提名与获奖次数，授权我们将"手册"中法国音乐电台采访莫里康内的文章作为附录收入本书中，并亲自帮整理、编辑了《莫里康内作品年表》。韩先生提供了三个版本的年表：第一个版本包含了莫里康内独立作曲或合作谱曲的电影、电视、广告、短片等作品，包括后来的影片引用此前影片音乐的情况，是较为齐全的一版；第二个版本仅包含其电影与电视作品；第三个版本只保留了电影作品。但是考虑到篇幅限制，经过再三抉择，我们还是忍痛选择了第三个版本。若您对更全或最新的年表感兴趣，欢迎登陆"莫里康内爱好者"的年表专栏 http://morricone.cn/ns-works/ns-works-000.htm

韩先生已是耄耋之年，利用自己的宝贵假期完成了年表的整理，期间还因为视力问题换了更大显示器的电脑。对于先生每次提供资料之条理、周全，及其答复编辑之耐心、详尽，我们十分感激。

为了开拓一个与读者朋友们进行更多交流的空间，分享关于后浪剧场、后浪电影学院系列图书的"衍生内容""番外故事"，我们推出了"后浪剧场"这个播客节目，邀请业内嘉宾畅聊与书本有关的话题，以及他们的创作与生活。敬请关注该节目的微信公众号（参见本书后勒口的二维码），或者在微信搜索栏搜索"houlangjuchang"来获取收听途径。

服务热线：133-6631-2326　188-1142-1266

服务信箱：reader@hinabook.com

"电影学院"编辑部
拍电影网（www.pmovie.com）
后浪出版公司
2015年11月

图书在版编目（CIP）数据

莫里康内·50年一瞬的魔幻时刻 /（意）蒙达著；倪安宇译 .
-- 北京：北京联合出版公司 , 2016.2（2020.7 重印）
ISBN 978-7-5502-7042-8

Ⅰ .①莫… Ⅱ .①蒙…②倪… Ⅲ .①莫里康内，E. —访问记 Ⅳ .① K854.657.6

中国版本图书馆 CIP 数据核字（2015）第 321598 号

ENNIO MORRICONE：LONTANO DAI SOGNI
By
ANTONIO MONDA
Copyright：© 2010 BY ANTONIO MONDA
This edition arranged with ARNOLDO MONDADORI EDITORE
Through Big Apple Agency，Inc.，Labuan，Malaysia.
Simplified Chinese edition copyright：
2016 POST WAVE PUBLISHING CONSULTING （Beijing）Ltd.
All rights reserved.
本书中文简体版权归属于后浪出版咨询（北京）有限责任公司。
北京市版权局著作权合同登记号　图字 01-2016-0141

莫里康内·50年一瞬的魔幻时刻

著　　者：（意）安东尼奥·蒙达（Antonio Monda）
译　　者：倪安宇
出 品 人：赵红仕
选题策划：后浪出版公司
出版统筹：吴兴元
编辑统筹：陈草心
特约编辑：赵丽娜
责任编辑：丰雪飞
封面设计：pengzhenwei.com
营销推广：ONEBOOK
装帧制造：墨白空间

北京联合出版公司出版
（北京市西城区德外大街83号楼9层　100088）
北京盛通印刷股份有限公司印刷　新华书店经销
字数188千字　690毫米×960毫米　1/16　16.5印张　插页6
2016年4月第1版　2020年7月第2次印刷
ISBN 978-7-5502-7042-8
定价：42.00 元

后浪出版咨询（北京）有限责任公司常年法律顾问：北京大成律师事务所　周天晖 copyright@hinabook.com
未经许可，不得以任何方式复制或抄袭本书部分或全部内容
版权所有，侵权必究
本书若有质量问题，请与本公司图书销售中心联系调换。电话：010-64010019